北京古籍叢書

# 灋陰志畧校註

[清]管庭芬　編纂
趙伸　校註

北京出版集團
北京出版社

圖書在版編目（CIP）數據

漷陰志略校註 /（清）管庭芬編纂；趙伸校註. —
北京：北京出版社，2022.10
（北京古籍叢書）
ISBN 978-7-200-16443-5

Ⅰ. ①漷… Ⅱ. ①管… ②趙… Ⅲ. ①通州區—地方
志—清代 Ⅳ. ① K291

中國版本圖書館 CIP 數據核字（2021）第 093802 號

項目策劃：安　東　高立志　　責任編輯：喬天一　許　可
責任營銷：猫　娘　　責任印製：陳冬梅
裝幀設計：郭　宇

北京古籍叢書

漷陰志略校註

［清］管庭芬　編纂　趙伸　校註

出　版　北京出版集團
　　　　北京出版社
地　址　北京北三環中路六號
郵　編　一〇〇一二〇
網　址　www.bph.com.cn
總發行　北京出版集團
經　銷　新華書店
印　刷　北京虎彩文化傳播有限公司
開　本　八八〇毫米×一二三〇毫米　三十二
印　張　一一點五
字　數　一九三千字
版　次　二〇二二年十月第一版
印　次　二〇二二年十月第一次印刷

書號　ISBN 978-7-200-16443-5
定價：88.00 圓

# 前言

趙伸

大約是二〇〇四年，因工作關係，偶得北京市通州區史志辦公室影印的《漷陰志略》一册。漷陰，舊名，位於通州東南，即今日之漷縣鎮一帶。《漷陰志略》是了解漷陰（漷陰縣、漷州、漷縣）的地情資料書。此志編纂於清道光年間，由於没有刻版印製，因而衹有抄本流傳。二〇〇三年，通州區史志辦影印了《漷陰志略》（小清儀閣寫本），但並未做任何點校註解。余得此本後因忙諸事無暇顧及，退休後方得多次翻閱。又查此方志未有正式出版，遂決定動手整理、校註。

所欲何爲？一則余有所好，閑常瀏覽古文，雖才疏學淺，惟願爬梳剔抉，樂此不疲，娱余晚年；二則長期從事地方志工作，耳濡目染，多少也接觸一些古籍舊志，不算陌生，加之手邊有些史籍、志書、專著、工具書，方便查閱，還能利用網絡搜集信息、資料；三則《漷陰志略》（以下簡稱《志略》）不足萬字，自覺體力精力可爲之，再如何也不令拖累，遂啓筆寫下「漷陰志略校註」幾個字。孰知區區六字，耗時兩載。其間余因它事多有延擱，且參與了兩部新志的編修，後又獲首圖藏本，以之復校，力求校註準確，果然多有所獲，雖費時長些，但確有裨益。

時光荏苒，再历星霜，此稿終得付梓。正文之前，余先行紹介漷陰其邑、《志略》及編纂者、歷代漷陰方志、《志略》版本情况、點校與註解體例等項，以饗讀者。

## 一、關於漷陰

談《漷陰志略》之前，我們先了解一下漷陰。

北京市通州區的東南部有一個漷縣鎮，看這個地名，就知道它曾經是個縣級行政區域。現在的漷縣鎮面積約一百一十多平方公里，轄三個社區、六十七個自然村。它位於北運河與涼水河交匯處，毗鄰京杭大運河發端地，東鄰河北省香河縣，南與天津市武清區接壤，距離通州城約二十公里，是通州靠近區界的小鎮。

漷，一個不常見的漢字，從字面上看，包含着一片雲水、一座城郭。在歷史上，這裏曾被稱爲漷陰、漷州、漷縣，地域面積也大於現在。它因水而生，隨水而興，也因地窪而頻遭水患，落得民不聊生。

據《遼史·地理志》記載：漷陰縣，本漢泉山（按，當作「州」）之霍村鎮（按，據專家考證，北京唯一明確知道的漢代村名即泉州霍村）。遼每季春弋獵於「方數百里，春時鷀鶩所聚，夏秋多菱芡」的延芳淀，居民成邑，就城故漷陰鎮，後改爲縣，在京東南九十里。《金史·地理志》云：大興府漷陰縣，遼太平（年號）中，以漷陰村置。《讀史方輿紀要》載：漷縣，州南四十五里，南至武清縣七十里，漢泉州縣也。遼初，漷陰鎮陞縣，以在漷河南也。《元史·地理志》云：元初，漷陰縣爲大興府屬邑。至元十三年（一二七六）陞漷州，屬大都路。

據以上記載可知，自遼至元代，漷邑很受重視，這與其自然、地理環境關係極大。遼、金、元都是馬背上的少數民族政權，騎射與游牧環境極爲重要。當時的漷陰東有港溝河（笱溝），西有雍奴藪遼闊湖沼，是契丹民族南下華北後弋獵、騎射的理想地方。後晉天福元年（九三六），此地劃入契丹。遼會同元年（九三八），契丹在燕京設立陪都稱南京，將距南京數十里的雍奴藪改稱爲延芳淀。以「捺鉢」活動需要及保障港溝河漕運，在此設置了漷陰縣，其縣治在漷陰鎮（舊霍村鎮）。金代沿之。到了元代，又因蒙古貴族統治者「捺鉢」習俗影響與漕運之需，再將漷陰縣陞置漷州，領武清、香河二縣。

捺鉢，契丹語詞，是行宫、行營的意思。自遼代以來，「捺鉢」被引申爲帝王的四季漁獵活動，即所謂的「春水秋山，冬夏捺鉢」。《遼史·營衛志中》云：「遼國盡有大漠，浸包長城之境，因宜爲治。秋冬違寒，春夏避暑，隨水草就畋漁，歲以爲常。四時各有行在之所，謂之『捺鉢』。」

契丹人是游牧民族，轉徙隨時，車馬爲家。遼帝一年四季大部分時間不在皇宫裏，這種生活方式使其處理政務並無固定的場所，因而「四時捺鉢」既是皇帝弋獵的行宫，也是治國理政的場所。而這種「捺鉢」的地點，自遼中期以後便大體固定了下來。

漷陰距離遼朝陪都南京析津府僅幾十里，域内又有巨大水泊——延芳淀。據今人推測，遼代的延芳淀範圍，可能是北起張家灣、臺湖，南至鳳河北岸甚至包括天津武清北部地區，西起羊坊、馬駒橋，東到大北關、牛堡屯、于家務、永樂店。這樣一個廣闊的水豐草美、植物茂盛的濕地，當然是捺鉢地點的首選，是皇帝舉行大型弋獵活動的理想場地。據《遼史》記載，自統和七年（九八九）至二十年（一〇〇二），遼聖宗和蕭太后曾六次駐蹕延芳淀，而且還修建了太后的行宫——神潛宫和遼帝的行宫——長春宫。

遼置漷陰縣還與漕運有關係。當時遼爲了加强陪都南京的經濟實力，需從遼東調運糧物。遼聖宗時，由蕭太后主持在漷陰境内開挖了運糧河，稱蕭太后河，與港溝河相接，經潞水等水系來轉運從海上運來的遼東糧物。

金源時期，漷陰縣改隸大興府。金沿襲了捺鉢習俗，金帝還以長春宫爲行宫在漷陰游獵，但在季節性與時間規定上不如遼嚴格。同時金廷也十分重視發揮運河作用，整治漕河。金章宗時規定，包括漷陰在内的漕河經過的各縣，縣官都有維護運河、催檢漕船綱運的職責，保證軍事和糧物的運輸需求。

元朝定都大都（今北京）後，更加重視對京畿水系的治理。除了整治改造大運河外，還開通通惠河，解決漕糧自通州到京師的水上運輸。爲保障漕運，陞漷陰縣爲漷州。在之後的幾十年中，朝廷多次發軍整治、疏浚通、漷域内的運河。並在漷州柳林設置營田提舉司，遷二千多户來漷屯田。

與遼、金一樣，蒙古帝后及王公貴族亦善騎射、喜弋獵，同樣具有捺鉢情結，但入主中國後，元朝的捺鉢習俗則與金代相似，即「夏秋出塞，春冬在燕京也」。《元史》云：「春冬之交，天子或親幸近郊，縱鷹隼搏擊，以爲游豫之度，謂之飛放。」由於永定河、潮白河洪水泛濫，延芳淀漸被淤塞，成了幾處較大的水泊，被稱爲飛放泊或海子。當時漷陰域内有馬家莊、栲栳垡、南新莊三大飛放泊及柳林海子，是帝王貴胄常來游幸獵鵝的場地。據《元史·本紀》記載，元世祖大體每春正月底或二月初赴柳林畋游，未幾即返大都。元朝的皇帝幾乎都來過漷州柳林駐蹕、行獵，並在此建造行宫。還調軍隊在水泊邊建呼鷹臺，修築運河大堤和疏浚河道。

元末，由於戰亂、災害、水系和環境的破壞，漷邑曾經的水豐草盛的情景不見了，地荒人稀，民貧賦薄。「明洪武四年（一三七一）徐達遷沙漠遺民至北平屯田，通州設八屯，漷州設九屯……」（見《通縣志》，北京出版社，二〇〇三年），本次徙至漷縣屯田的山後遺民一千一百多户。洪武十四年（一三八一）二月，漷州降稱漷縣，隸通州。「迨至明季，徭役繁重，兵燹頻仍，於是闔室流亡，井邑荒寂，幾不可支。（見《漷陰志略序》）」明清以降，漷邑經常遭受水、旱、蝗、雹災，洪水決堤，地震時疫等給當地民生造成極大傷害，而作爲大運河沿岸之邑，還要承擔維護河堤、迎送御駕、糧税徭役等重負。清初八旗圈地，肥田沃土多爲旗人所占。順治十六年（一六五九），漷縣省入通州，由管河州判兼理之，到了道光年間，仍管領四十八個村莊。此時的漷陰已是「廢城蔀屋，絃誦無聞，除防守運河外，加以馬草、官車、旗租諸役，日不遑給，小民之嗅咻不异曩時」（同上）。民國二年（一九一三）六月，裁撤漷縣州判。

關於漷之治所，從舊志、史書及有關著述中的記載摘録如下：在遼太平年間（一〇二一—一〇三一）設置漷陰縣時，將縣治設在漷陰鎮，即原來的霍村鎮。元至元十三年（一二七六），在漷陰縣域内的柳林鎮設置漷州。元朝在柳林設立行宫時，州治南遷到了武清縣的河西務，而約在元至正初年，州治又北遷到漷陰縣的漷陰鎮，州治、縣治同在一處。明洪武十四年（一三八一），漷州降爲縣後，漷陰鎮祇存漷縣縣治。清順治十六年（一六五九）漷縣廢，原縣域成爲通州直轄區後，其縣治地方仍設置一個通州州判署，主管大運河治理事宜。民國二年（一九一三），州判署撤銷。

從遼太平中至民初的八百多年間，漷邑經歷了置縣、陞州、降縣、省入、裁撤。世事滄桑，風水輪轉，歷經遼金元明清五朝，霍村鎮周而復始，回歸漷縣鎮，終成一部《漷陰志略》，爲華夏史乘留下了一抹漷邑興衰的印痕。

## 二、《志略》及編纂者

二〇〇六年，國務院頒布《地方志工作條例》，給地方志書定義爲「全面系統地記述本行政區域自然、政治、經濟、文化和社會的歷史與現狀的資料性文獻。」《漷陰志略》（以下簡稱《志略》）是記録北京地區歷史上一個行政區域——漷陰的自然、地理、人文、社會等情況的資料性著作，屬於地方志書的一種，但與其他舊志又有所不同。首先，《志略》記述的項目不全，甚至缺少一些重要的内容（緣由詳見下文）；其次，明清以降，方志纂修多以官修爲主，各志幾乎都有從官吏到士紳多人參與，衆手成志。而《志略》是在漷縣裁撤後編纂的，主要參與者僅「一官一民」，盡力搜羅資料，纂出一部《志略》。所以盡管體例不備，但「此志爲漷陰諸志僅存者，資料之珍貴自不待言」（羅保平：《北京的州志與縣志》）。

著名學者王燦熾先生在《燕京古籍考》中介紹《志略》：「清管嗣許修，管庭芬纂。

不分卷。存。抄本。道光十年（一八三〇）秋，管嗣許任通州管河州判，駐於漷縣舊署。不久，其從弟管庭芬擬應京兆之試，北游通州，遂寓其署中。管嗣許頗重視收集和整理原漷縣地方文獻，並委托管庭芬搜集資料，編寫志書。

管嗣許，字厚坤，號蓼吟，浙江海寧人。他在《漷陰志略序》中講明編纂此志書的因由：「（漷）邑故有志，歷久弗傳，未得考沿革之大略。適從弟芷湘擬應京兆之試，南來税駕署齋，暇日爲余從《畿輔通志》及《通州志》中及漷陰舊乘者，悉纂而録之，並於京邸友人處檢閱群書，有涉漷事，復爲裒益，即排比爲一卷。」管嗣許很關註自己任職地方的歷史，察覺漷陰原來有方志但都遺佚了，以至於現在都説不清它的歷史沿革。恰堂弟管庭芬赴京，住在他的判署，遂請兄弟幫忙，抽空搜集了一些關於漷陰的歷史資料，並將其匯編成了一卷志稿。管嗣許作爲當地的行政長官，積極倡導修志之事，選擇編纂者，提供諸多方便，並爲之撰寫序言，稱爲「主修」不爲過，因而使《志略》帶有官修色彩。

管庭芬（一七九七—一八八〇），管嗣許族弟，字培蘭、子佩，號芷湘，晚年又號芷翁。浙江海寧（今海昌）人。清代諸生，方志學家。清道光十年（一八三〇）秋，因應京兆之試，住漷縣管河州判衙署内，受其兄管嗣許之托，於道光十一年（一八三一）秋，纂成近萬字的《漷陰志略》。

管庭芬在《書漷陰志略後》中介紹了自己編修《志略》的經過：「暇日策蹇河堤，考神潛之故宫，詢景命之廢殿，惟故老指示其處，憑吊荒墟，徒增感慨耳。聞明萬曆間修有邑乘，遍爲訪求，欲詳今昔之利病，而漷無收藏者。於是讀《畿輔通志》諸書，稍得其涯略，凡引舊文，悉爲甄録。復假秀水汪芝楣評事京邸藏書，潛心尋繹。並漷士徐茂才文奎、晋陽趙上舍德寅所述近事，皆筆而存之。雖挂漏殊多，姑依類編爲一卷。」分《沿革》《川源》《堤防》《村集》《城池》《衙署》《鋪遞》《寺觀》《橋梁》《坊表》《古迹》《學校》《冢墓》《人物》《風俗》《物産》《文咏》《災祥》《逸事》十九類。是時漷陰縣已併入通州，故名曰《漷陰志略》。按管庭芬解釋：「以官司、選舉之未備，碑版、田賦之未詳，不足以爲完書。」故《志略》没有刻版成書，所傳者皆抄本。

作爲編纂者，管庭芬記述事物頗爲嚴謹，所引資料皆註明出處。其中既有《遼史》《元史》等正史，亦有《畿輔通志》《通州志》等方志，又有《長安客話》《燕山叢録》《査浦輯要》等雜記。他註重調查研究，不辭辛苦，多地踏勘，對所用的史實做仔細考證，進行田野調查，如佑國甘泉寺遺址、長城遺址、永樂店坊表現狀等。他在搜集資料時關註民生，了解民間疾苦，重視采訪、記録當地社會現狀，如在《逸事》中記載：「漷濱運河，地沙鹹，收獲極薄，間有膏沃之地，多係皇親駙馬莊田。正德間又被權貴侵占數多，小民因地窄差煩，逃竄流亡，不復歸業。」由於他認真、嚴肅的記述，使《志略》能夠反映歷史真實風貌，具備了存史、資治、教化之功能。

余閲《志略》，既贊許管庭芬所爲，又不禁嘆其缺憾。當然，管庭芬已言「官司、選舉之未備，碑版、田賦之未詳，不足以爲完書」，衹是覺得當時可以做得更完美些，因爲他的時間還是比較寬裕的。道光十年（一八三〇）十月，管庭芬爲何進京？管嗣許説他是「擬應京兆之試」，其實他並没有參加任何考試。據他的日記和友人往來信函，此次進京本是設法「援例」（政府照顧屢試不中的老考生，賜予一官半職）或「占籍」參加順天府鄉試（就是换個地方高考）的，但並没有得到機會，而且還錯過了浙江的鄉試。在灤期間，他分别於道光十一年（一八三一）四月初一至初六、八月廿一至廿四，兩次短暫到京師活動，後於十一月廿八告别兄嫂，離開灤陰第三次進京，並於十二月初四離京南歸，道光十二年（一八三二）正月回到海寧家中。在這期間，管庭芬没有備考的負擔，因而有較充裕時間查閲史志資料、采訪文人士紳，在鄉村進行田野調查，確實做了不少編纂事務，但有些可「順手牽羊」的卻並未着手去做。例如他完全可以了解清楚灤陰幾個歷史時期的「四至」，將其記録在案。再如衹提灤陰「附郭四十八村莊仍爲管領」，可都是哪些村莊呢？記載並不難吧？遺憾没有，更遑論「灤南四十七村莊，灤西六十三村莊，灤東五十五村莊，共一百六十五村莊」的村名了（其實《州志》裏有名録，使吏人謄之即可）。另外，旗莊的存在是清代農村行政、政治、經濟的特點，如能標示哪些曾是旗莊不更好嗎？如此等等。

管庭芬自道光十年九月辭别老母弱妻幼子離家赴京，在漷居住一年多，「時因倚閭心切，刻日南轅，未遑更從事於斯……」他不能再繼續耽擱，衹能寄望後人完成未竟之事。

綜上所述，《漷陰志略》是由州判管嗣許主修並作序，經管庭芬查尋典籍、遍訪鄉野、廣羅史料，歷時一年編纂完成的地方志書。盡管多有缺憾，瑕不掩瑜，仍不失爲珍貴之地情資料著述。

## 三、歷代漷陰方志

中國歷代有編修地方志的傳統。方志發端先秦，興於漢唐，兩宋繁榮，元明常見，以清代爲鼎盛。據考證，僅清代流傳下來的地方志書就達五千多種。明清以降，志書官修成例，府州縣均承擔有修志的責任，且勉力完成。漷陰自遼置縣後至元代，没有發現編修過地方志，從明初至清道光年間，據考曾有過八次修志，除《志略》外均已遺佚，衹能在典籍史料的記載中尋找一些佚文或蛛絲馬迹。

明《洪武漷州圖經志書》卷數不詳，已佚。見《文淵閣書目》卷十九暑字號第一厨書目「舊志」載有《漷縣圖志》二册。據現存的繆荃孫抄《順天府志》（即《永樂大典·順天府》）推斷，《漷州圖經志書》約修於明洪武九年（一三七六），爲劉崧纂修《北平八府圖經志書·北平府圖經志書》的一個組成部分。據現有史料推測，這部圖經志書應是記述漷陰的第一部方志。

《永樂漷縣志》是明代編纂的第一部漷縣志，編撰人及卷數無考。《文淵閣書目》卷二十往字號第一厨書目「新志」著録《漷縣志》。明永樂十六年（一四一八），朝廷頒布《纂修志書凡例》，並詔令纂修天下郡縣志書。於是各地州縣紛紛動手編修方志，並在此基礎上修了《順天府志》（已佚）。余推測，這部漷縣志應爲府志之一部分。

《成化漷縣志》係明代董方纂修，卷數不詳，已佚。清《光緒順天府志·藝文志》有著録。董方（一四一六—一四八三），字仲矩，漷人。歷任大理寺左寺副、左寺正、右寺丞、右少卿、刑部左侍郎、都察院右都御史、刑部尚書等官職。他爲人正直，執法公正，糾正、平反不少冤案。董方還熱心修纂方志及家乘，曾創修漷縣志，未就而殁，原稿逸失。以我之見，董方編纂志書不應算是官修，他雖然是朝廷大員，但非地方長官，也並未領命而爲，衹能算是「個人喜好」了。

明神宗（萬曆帝）在位四十八年，期間漷縣有過四次修志，但具體時間都不詳，而且都没能保存下來。管庭芬在《書漷陰志略後》云：「聞明萬曆間修有邑乘，遍爲訪求，欲詳今昔之利病，而漷無收藏者。」可見在清道光年間就已找不到了。這四種《漷縣志》分别是：

《萬曆漷縣志（一）》，明張祥修纂，卷數不詳，已佚。清《光緒順天府志·藝文志》有著録。張祥，字夢麟，號魯郊，漷人，明萬曆四年舉人，做過山西壺關知縣、原武知縣，有政聲。他曾修纂《漷縣志》，但終因仕籍所累，未能付梓。

《萬曆漷縣志（二）》，明徐玠等修纂，卷數不詳，已佚。據清《光緒順天府志·藝文志》載，徐玠係漷邑貢生，官至全椒知縣。他和張祥二人都曾創修過《漷縣志》，「因循歲月，又各以先後登仕籍，莫克就緒，每謂惜之」。

《萬曆漷縣志（三）》，明魏之幹等修纂，卷數無考，已佚。魏之幹，山西武鄉人，舉人，萬曆二十年（一五九二）任漷縣知縣，後調良鄉。明《内閣藏書目》著録云：「《漷縣志》二册，全，萬曆癸巳，邑令魏之幹修。」清《光緒順天府志·藝文志》亦著録。

《萬曆漷縣志（四）》，明艾友芝等修纂，卷數不詳，已佚。據清《光緒順天府志·藝文志》記載，艾友芝於萬曆三十五年（一六〇七）任漷縣知縣，曾延邑人聶啓元、李鎧等重修縣志。現存的清《光緒通州志》收録了聶啓元所撰的《漷縣志序》，介紹了明代修《漷縣志》的情況，以及艾友芝等修纂縣志的詳細經過，指明這部縣志「體例嚴整，不濫不遺」，記事準確，真實可靠，使後人得以徵信。艾志雖已佚，但在後來有些志書裏還能找到一些佚文，供後人采用。

另外，在《畿輔通志》《光緒順天府志》《乾隆通州志》《光緒通州志》等方志中都有關於漷陰的一些記載。

## 四、《志略》版本情况

由於《漷陰志略》完成後並没有刻版印制，因而流傳的是一些抄本。余最初接觸的是小清儀閣寫本，後來有了點校、註釋的設想，才盡力搜羅流傳於民間的其他抄本。但因年邁不便，孤陋寡聞，也無力遠途跋涉，所能找到的不多，現將搜尋到的抄本信息及綫索紹介如下。

### （一）小清儀閣寫本（簡稱張寫本）

二〇〇三年九月，北京市通州區（漷陰所在地）史志辦公室影印了《漷陰志略》（小清儀閣寫本）。其《重印〈漷陰志略〉序》云：「漷陰縣自遼太平年間建縣，至清順治十六年（一六五六）裁入通州的六百餘年間，曾多次修志，但未能流傳下來。道光十一年（一八三一）由通州駐漷州判管嗣許主持，管庭芬編修的《漷陰志略》成爲記載原漷陰縣情况僅存的志書。極顯珍貴。該書未刊刻，祇以繕寫本流傳，數量極少。現以『小清儀閣寫本』爲底本重印，供社會各界參閲。」

此序未對小清儀閣寫本來歷及與《志略》稿本的關係做出説明，因而無法確定其可靠性，所幸還有渠道能了解到一些情况。《浙江圖書館稀見方志提要》（作者張群）一文提到：「《漷陰志略》一卷，清管庭芬纂。清道光十一年（一八三一）管嗣許抄本，無界欄，半葉九行，十一行二十五字，小字雙行同，開本高二十五厘米，寬十四點四厘米……」「此本竹紙抄寫，全一册，字體工整雋秀，原爲海寧管氏家舊藏。一九五一年由海寧管大雄（管元耀之子）捐贈給浙江圖書館。」從以上文字可以推斷，浙江圖書館收藏的可能是主持修志的州判管嗣許抄本，他當時抄録了管庭芬的原稿。在没有發現管庭芬手稿（或其著作）的情况下，這個抄本就應該是比較權威的「版本」了。

那麽「小清儀閣寫本」又從何而來呢？該文提到：「浙江圖書館又藏是志清宣統元年（一九〇九）張氏小清儀閣抄本。卷末海昌張光弟跋曰：『今向管君元耀假得原稿，原稿録制，以免失墜，己酉夏。』前録道光十一年（一八三一）管嗣許《瀞陰志略序》，後有管庭芬《書瀞陰志略後》。道光十一年（一八三一）管嗣許抄本同此，故張氏小清儀閣抄本即録此道光十一年管嗣許抄本。」

張光弟（一八七五—一九一六），字渭漁，海寧人，藏書家，好收金石書畫，號小清儀閣主人，《海寧州志稿》有傳。管元耀，字慎之，號振志，海寧人，管庭芬之族曾孫，藏書家，好輯傳記史乘，有子管大雄。由上述記載，可以判斷小清儀閣寫本源自管嗣許抄本，但由於没有見過浙圖藏本，通州區史志辦影印本没有附張光弟的跋。如何甄别這個影印本呢？經查，張光弟所藏鈔本有在每葉左下角書寫（或加印）「小清儀閣寫本」字樣的做法，如《海寧經籍志備考》抄本即如此。通州影印本的每葉左下角均有豎寫「小清儀閣寫本」，且與正文筆迹相同，以此爲據，可以判定它的身份。此本在本書中簡稱「張寫本」。

張寫本以行書抄寫，字迹清晰，書寫流利，較爲工整，基本每葉十行，左下角標有頁碼及「小清儀閣寫本」字樣。抄本中存在少量錯漏，由於未見浙圖所藏管嗣許寫本，不知是否是抄者筆誤之故。本次校註即以其爲底本，以上所説問題均在校記中指出。

**（二）首都圖書館藏《漷陰志略》（簡稱首圖本）**

北京聯合出版有限責任公司二〇一七年出版《［道光］漷陰志略》影印本（《通州方志集成》之一）。該本是與《乾隆通州志》合册出版的，在《志略》的出版説明中介紹了此影印本是「道光十一年（一八三一）抄本。四周雙邊，半葉十行，行二十字……今據首都圖書館藏本影印」。該本與管嗣許抄本版式不同，加蓋首圖藏書章。

該抄本爲楷體書寫，字迹工整，筆畫清晰。從書法角度看屬於清代館閣體，可稱爲善本。但該本並未交待抄録的時間、所據稿本及抄録者的情況。與小清儀閣寫本互校發現，有的錯訛處一樣，有的此錯彼對，或此對彼錯，很難判定是否依據同一底本抄録，誰先誰後。本書中，該本簡稱「首圖本」。

**（三）馬春懷抄《漷陰志略》（簡稱馬抄本）**

校註《志略》之初，在網絡上搜尋資料時，查到一份 PDF 文件形式的《漷陰志略》。該文本是用繁體字排版，竪排無標點符號，版框内文字分左右對開兩版，中間以書名和頁碼相隔。該文本最後有一篇署「一九八八年馬春懷傳鈔」的《㵲陰志略後記》。《後記》云：

「《㵲陰志略》是一部稀見地方志，因管庭芬編纂完稿時未付棗梨，即已南旋，原稿存吏人之手，日後未刻板流傳，僅有傳抄本，因極爲鮮見……地方志是研究歷史、地理、文化、教育、名勝古迹、歷代民俗的珍貴資料，對學術界有重要參考價值……對研究遼、金、元三代史更是必備之要籍。因此書極爲稀少，特此抄寫，爲祖國文化遺產盡一點微薄之力。特借《㵲陰志略》予以抄寫，流傳於後世，娱余晚年。以此書雖經校過，難免還有遺漏或錯誤之處，尚望各界方家指正。」經查，馬春懷先生爲北京中國書店的老員工，已經去世。二〇一八年四月，在北京的一次拍賣會上，拍品有馬春懷藏的數十種古籍，有木刻本、油印本、石印本等，但書目中没有《㵲陰志略》。余雖經努力搜索，但除了這份排版録入的《志略》外，没有找到馬春懷的手抄本綫索，也不知他依據的是哪部抄本。在登録中國國家數字圖書館網站時，所能查閲的《㵲陰志略》即前述據馬春懷抄本的竪排版録入的版本。直到二〇二〇年下半年，余再次登録國家數字圖書館時，纔看到手抄版的《志略》，落款爲「一九八八年馬春懷傳鈔」，之前未見，或是余查閲不細之故。此本在本書中簡稱「馬抄本」。

## （四）康穎抄《河北㶟陰志略》（簡稱河北本）

北京市方志館數字古籍庫可以查閱到此抄本。正文前註明「以原稿本傳抄河北《㶟陰志略》」「家藏稀見方志」。目録前有管嗣許的序，正文署「海昌管庭芬芷湘氏纂」。抄録的字迹清晰，行書書法流暢，但仍有錯訛之處，且未加以校對，甚至有個别詞句、段落漏抄。該文本也有一篇《㶟陰志略後記》，其内容與馬抄本幾乎一樣，並提到：「因此書極爲稀少，余雖年逾花甲，尚有一點餘熱，想爲祖國文化遺産盡一點微薄之力。現以某高等學府圖書館所藏抄本《㶟陰志略》一部爲底本，予以抄寫，流傳於後世，娱余晚年。」最後署「乙丑年冬月寫於北京市大葆臺西漢墓博物館 癡叟康穎」。此在本書中簡稱「河北本」。

乙丑年爲一九八五年，未查到癡叟康穎是何許人也。該文本「後記」同樣是没有説明底本的是何種抄本。經與張寫本、首圖本核校，有些錯訛處是一樣的，有些則是其獨有的。特别是《逸事》部分，與張、首二本相比，河北本缺六段文字之多（但又與馬抄本所缺一致）。河北本與馬抄本相核校，馬抄本比較明顯的錯處河北本基本没有，但有些一時不易看出的錯訛幾乎一樣。起碼可以説明兩本是有淵源的。

## （五）關於《志略》抄本的其他綫索

陳光貽著《稀見地方志提要》卷一《京津滬》：《㶟陰志略》一卷，道光十一年修。

稿本（北京圖書館藏、上海圖書館藏小清儀閣抄本）。

《中國地方志聯合目録》：上海圖書館、天津圖書館、南京圖書館、浙江圖書館等藏《滎陰志略》抄本。

中國國家數字圖書館：登録網站查閲，可見繁體字竪排版及馬春懷手抄本的《滎陰志略》。（詳見前「馬抄本」介紹。）

拍賣品信息：二〇一七年八月十九日，青島之夏藝術品拍賣會，拍賣古籍善本《滎陰縣志》（實爲《志略》），尺寸28×17cm。拍品上有鈐印「雲閣一字叔張」，原裝一册，紙本、散葉，清末民國間稿本。隨此信息附拍品照片二幀，從圖中書寫的字體看，與張寫本、首圖本均不同，亦不知拍賣結果。

## 五、點校與註解體例

余才疏學淺，全無校註古文之經驗，甫一上手，即察覺看似容易實則難。隨着資料的增加，多閲讀、摸索，借鑒前人成果，慢慢感到順手，並理出些頭緒，自行制定了校註規則。

首先，余確定以小清儀閣寫本（即張寫本）爲校註底本，原本繁體字全文照録，但對異體字做了替换。張寫本的章節（十九節）及段落，基本保持原狀不動，底本中有些應分段落而未分之處，大多保持原狀，衹加「字空」以示。書中附有《志略》小清儀閣寫本全文的影印件，供讀者與正文對照使用。總之，盡量展示抄本原貌，既方便讀者分析研究之用，又便於糾正校註中出現錯漏。

## （一）標點

底本（張寫本）全書無句讀，此次點校，采用竪排文稿標點符號，但因《志略》有些地方引用史志、著述的内容時並非是原文，或多或少有些摘編、縮減，故對底本中所有引文、話語未加引號（「」）。書名、文章名加書名號（《》）。

## （二）核校

此項極爲重要，但因無稿本，唯以現有資料爲準進行核校。全書文字與首圖本文字進行互校，凡涉及史書、舊志、著述之處，均以原著爲準，多種資料進行核對、校正。有些資料書籍發揮了重要作用，如《二十五史河渠志》《長安客話》《日下舊聞考》等。今人如王燦熾、尹鈞科等人的著作，亦極有參考價值。而對有歧義之處，則更是多方考證。如地名詞「看丹口」，首圖本與張寫本均錯爲「丹山口」，雖據《明史·河渠志》改之，可仍反復核對舊志及《永樂大典·順天府》等資料，力求準確。

在核校中，余注意到有些字詞屬於避諱，如元（玄）、宏（弘）、歷（曆）等。時過境遷，避諱已無必要，故徑作回改。爲行文簡潔起見，不出校記。

（三）註解

全書對第一次出現的人名、地名、年號及年份加以解釋，並註明公元紀元年份。所有註解都以工具書、史書、專著爲準，涉及行政區劃的，所記以《中國歷代政區沿革》記述或相關史書所記沿革爲準。對文中的一些古漢語詞語作簡要解釋，必要時説明本義，重點是針對本文釋義，其他闡釋不多涉及。對於個人把握不準的，或各家解釋歧義較大的，一般不做註解，或採取多義並存的方式。

（四）校註札記

本書除了【註解】部分外，還在各節後附有【校註札記】。札記内容或是校註過程中對一些問題的思考，或是對各個抄本之間异同的考證，或是與本節内容有關的一些資料，等等。余以爲這些對閲讀者了解《志略》、瀞陰、某些人物、事件等有所幫助，亦是註解、點校的必要補充。

必需説明的是，限於本人水平，點校、註解及校註札記的内容會有不確之處，甚至存在謬誤。然文責自負，願抛磚引玉，虚心聽取讀者意見，並望方家指正。

是爲前言。

趙伸

撰於乙亥年（二〇一九）季春

改於庚子年（二〇二〇）年底

校註者趙伸，筆名司空劍，北京民間文藝家協會會員，一九五〇年出生於北京。曾任某中央級出版社總編室主任、編輯部副主任，北京市地方志辦公室出版發行處處長、資料信息處處長，二〇一〇年退休。

# 凡例

一、《漷陰志略校注》以北京市通州區史志辦公室影印的《漷陰志略》（小清儀閣寫本）（以下簡稱張寫本）爲底本加以點校、注解。爲盡量向讀者展示張寫本的原貌，本次整理對底本的章節、段落未作改動，遇有文字錯誤，則以校勘符號進行標註修改，詳見第三條；對書中的異體字則作了一定的統一，以便閱讀。

二、張寫本經校注，標明錯訛、脱漏、倒衍等差错，並在每節後附有注解，對一些字詞做簡要解釋。另有「校注札記」，記述對抄本内容的闡釋、補充，及不同抄本的異同。書内附原稿影印圖，供對照使用。

三、凡張寫本錯訛處加（ ）表示删除，加〔 〕表示更正；脱漏的用［ ］補充；衍文加（ ）標明；缺字用□替代；需要加括弧處用〈 〉區别；一般詩文標題用《 》、個别詞组加「 」。

四、由於張寫本中的引文多是節選，或略引大意，因而對引文一般不加引號。有差错或脱漏之处，多在校注札記中纠正。

特此説明。

# 目録

# 漷陰志略序

漷縣在京東七十里，通州南四十里。自遼及元，即爲上都〔一〕劇邑〔二〕，時游獵於斯〔一〕。但地勢洼下，環以塞上諸山，每霪潦間作，僅運河一道泄入直沽〔三〕，民罹水患，比歲而是。迨至明季，徭役繁重，兵燹〔四〕頻仍，於是閭室流亡，井邑荒寂，幾不可支。國初則省入通州，移管河州判〔五〕兼理之，實以紓民力而均賦役，亦權宜之策耳。今附郭四十八村莊仍爲管領。

余自庚寅〔六〕之秋來蒞是鄉，廢城蔀屋〔七〕，絃〔八〕誦無聞〔二〕，除防守運河外，加以馬草、官車、旗租諸役，日不遑給，小民之噢咻〔九〕，不異曩時〔一〇〕。余欲培其本以振其氣，而積重難返，恐位卑言高，徒增罪譴，心竊愧之。邑故有志，歷久弗傳，未得考沿革之大略。適從弟芷湘〔一一〕擬應京兆之試，南來稅駕〔一二〕署齋，暇日爲余從《畿輔通志》〔一三〕及《通州志》中及漷陰舊乘〔一四〕者，悉纂而録之，並於京邸友人處檢閱羣書，有涉漷事，復爲裒益〔一五〕，即排比爲一卷〔三〕。漷之士咸欲付諸棗（黎）〔梨〕〔一六〕，用垂永久。而芷湘以官司、選舉之未備，碑版、田賦之未詳，不足以爲完書，且將束裝南旋，無暇從事於鉛槧〔一七〕。余爲憮然，用〔一八〕繕其副〔四〕，命吏人藏之，俟後來者導源而暢流，亦以此爲嚆矢〔一九〕云。

時大清道光十一年〔二〇〕，歲在辛卯，仲秋八日，愚兄嗣許〔二一〕書於漷縣官廨〔二二〕之琴餘書屋。

【註　解】

〔一〕上都：元朝的夏都，原名開平府，在今内蒙古正藍旗東，後陞爲上都。元定都大都（今北京）後，改爲避暑的夏都。

〔二〕劇邑：邑，人們聚居的地方，城鎮、縣。劇邑，即重要的聚集地。

〔三〕直沽：古地名。金元時期稱潞、衛二河會合處爲直沽，即今天津市三汊口一帶。白河與其他河水合流入通州稱潞河。

〔四〕兵燹：因戰亂而遭到破壞焚燒。

〔五〕州判：官名，清代知州之佐官，全稱州通判。

〔六〕庚寅：指清道光十年（一八三〇）。

〔七〕蔀屋：用草席蓋頂之房屋。

〔八〕 絃：這裏指樂聲。

〔九〕 噢咻：指痛苦呻吟。

〔一〇〕 曩時：從前。

〔一一〕 芷湘：管庭芬（一七九七—一八八〇），字培蘭、子佩，號芷湘。浙江海寧（古稱海昌）人。清道光十年（一八三〇）秋，管庭芬因事赴京，住漷縣管河州判衙署内，受其兄管嗣許之托，於次年秋纂成近萬字的《漷陰志略》。

〔一二〕 税駕：指解下駕車的馬匹，停車休息。税，通「挩」，脱去。

〔一三〕 《畿輔通志》：清代官修的直隸地方志書，共有康熙、雍正、光緒三部，首部是康熙年間修纂的，第二部是雍正年間，最後是光緒本，而以光緒本的體例最稱完備，内容亦最豐富，是研究河北省地情的重要資料書。

〔一四〕 乘：春秋時期晋國稱史書爲「乘」，後世因稱史書爲史乘。

〔一五〕 裒益：裒，减少；益，增補。喻多接受意見，彌補不足。

〔一六〕 棗梨：指雕版印刷。古人以棗木、梨木爲雕版刻書的上選材料。

〔一七〕 鉛槧：鉛，鉛粉筆；槧，木板片。古人書寫工具，這裏是指寫作。

〔一八〕 用：以也。這裏是介詞，表因果關係。

〔一九〕 嚆矢：嚆，象聲詞；矢，箭。嚆矢即響箭，先聞聲後箭到，喻事物的開端。

〔二〇〕 道光十一年：即一八三一年，干支爲辛卯年。道光，清宣宗旻寧年號。

〔二二〕嗣許：管嗣許，管庭芬族兄，字厚坤，號蓼吟，太學生。曾任直隸通州州判，駐㶟縣。

〔二三〕官廨：官署的通稱。

## 【校註札記】

〔一〕「自遼及元，即爲上都劇邑，時游獵於斯」句：遼金元時期㶟地曾爲劇邑，是朝廷看重的地方。除因水草肥美，適合游牧民族生活外，還因它距離北方重要的都市燕京（中都、大都）最近。一方面可以享受游牧生活的愜意，一方面可以及時了解軍事、政治信息，便於號令天下，是契丹、蒙古「捺鉢」文化的體現。明清以降，京郊農村農業有所發展，但㶟邑卻衹剩貧瘠荒寂。除了水系變化及頻繁遭受水旱災害外，作爲大運河沿岸之邑，還要承擔維護河堤、迎送御駕、糧税徭役等重負。加之清初八旗圈地，肥田沃土多爲旗人所占，諸多因素使之到了「幾不可支」境地。

〔二〕「紘頌無聞」：首圖本作「紘頌無間」。

〔三〕「適從弟芷湘擬應京兆之試……暇日爲余從《畿輔通志》及《通州志》中引及㶟陰舊乘者，悉纂而録之……即排比爲一卷」句：通覽《志略》，可取之處很多，但遺漏、缺憾不少，如序中提到「附郭四十八村莊」，竟没有在《志略》中列出村名，若干年後必有變遷。另外，對㶟邑的「四至」也無交代，實爲遺憾。據現有資料，「㶟陰舊乘」有明《永樂㶟縣志》《成化㶟縣志》《萬曆㶟縣志》等先後四部，均已遺佚，衹有艾友芝的《漷縣志》還有佚文在有些志書裏能找到。艾友芝曾於萬曆三十五年（一六〇七）任漷縣知縣。

由於没有稿本，《志略》又没有刊刻成册，因而張寫本出現的錯訛，哪些是抄録的問題，哪些是原稿的瑕疵，多不好判斷。所幸還有首圖本參照，勉力爲之吧。

［四］［用繕其副］句：首圖本作「因繕其副」。

# 漷陰志略

海昌管庭芬芷湘氏纂

## 沿革

漷本漢泉州〔一〕地，漢末移縣於三角淀，更名雍奴〔二〕縣，隸漁陽郡〔三〕。唐天寶元年〔四〕又移於白河〔五〕之西，更名武清縣，隸河北道〔六〕。遼太平〔七〕中，置鎮於漷陰村，分武清地設漷陰縣，屬析津府〔八〕。金因之，隸大興府〔九〕。元至元十三年〔一〇〕陞爲漷州，領武清、香河二縣，隸大都路〔一一〕。明洪武五年〔一二〕，以兵燹之餘，民寡賦薄，復降爲縣，隸通州，屬順天府〔一三〕。〔一〕

國朝順治十六年〔一四〕，知縣鄭駿江南貢生請裁漷縣，時因疊遭水患，民困徭役，未允，去任。後縣葛茂春浙江貢生復請，始奉裁併入通州，以管河州判一員駐其城，文移尚仍（流）〔統〕屬舊制。乾隆二十五年〔一五〕，詳准改用平行。張家灣之南四十八村莊均屬漷縣〔二〕，給印，文曰「通州判管理漷縣事務之印」〔一六〕。參《一統志》及《通州志》。

## 【註　解】

〔一〕泉州：西漢時期漁陽郡南部的一個縣（有作泉山的），霍村（潞陰前身）即在泉州縣域内。

〔二〕雍奴：西漢時期漁陽郡南部的另一個縣。四面有水爲雍，澄而不流爲奴，因此地有廣袤的濕地、河湖而命名。

〔三〕漁陽郡：此郡係戰國燕所置，秦漢沿用，郡治在漁陽（今北京密雲西南）。郡轄有漁陽、泉州、雍奴、平谷、安樂等十二縣。

〔四〕天寶元年：即七四二年。天寶，唐玄宗李隆基年號。

〔五〕白河：秦時稱「沽水」，漢時稱「潞水」，元代稱白河，是華北平原東北部較大的一條河流。

〔六〕河北道：唐貞觀元年（六二七）設置，境内有懷、衛、冀、趙、滄、檀、幽、冀、易等州府，幽州下轄武清等縣。

〔七〕太平：遼聖宗耶律隆緒年號，即一〇二一年至一〇三一年。

〔八〕析津府：遼代南京道下轄有析津府等州府。析津府即遼南京，是遼國陪都，又稱燕京（今北京西南），轄十一縣，並統六州。

〔九〕大興府：金貞元元年（一一五三），金改燕京爲中都，定爲國都，改燕京析津府爲永安府。貞元二年（一一五四），改永安府爲大興府，隸屬中都路。

〔一〇〕至元十三年：即一二七六年。至元，元世祖忽必烈年號。

〔一一〕大都路：金貞祐三年（一二一五），成吉思汗攻下北京，遂改置燕京路大興府。後元世祖改稱中都路大興府。

至元九年（一二七二），中都路改稱大都路，轄涿州、霸州、通州、薊州、漷州等十州，及六個直轄縣。

〔二〕洪武五年：即一三七二年。洪武，明太祖朱元璋年號

〔三〕順天府：元爲大都路，明洪武初爲北平府。永樂元年（一四〇三）改府爲順天府，轄大興、宛平、良鄉、固安等七縣，及涿州、霸州、通州、薊州、昌平州等五州。其中通州領三河、武清、漷縣、寶坻等四縣。

〔四〕順治十六年：即一六五九年。順治，清世祖福臨年號。

〔五〕乾隆二十五年：即一七六〇年。乾隆，清高宗弘曆年號。

## 【校註札記】

〔一〕［明洪武五年……復降爲縣，隸通州，屬順天府］句：漷在明朝何時由州降縣，幾種資料説法不一。張寫本爲洪武五年（一三七二）；乾隆和光緒《通州志》云「洪武初降爲縣，隸通州」；明岳正撰《漷縣奉敕重建記》（見影印文淵閣四庫全書本《類博稿》）云「洪武丙戌，降而稱縣」，查洪武年間没有「丙戌」年，祇有庚戌年（洪武三年，一三七〇）；此文在《光緒順天府志》録有全文，爲「洪武庚戌，降而稱縣」；該志還引《清一統志》曰「明洪武五年，降州爲縣，屬通州，仍舊治」；二〇〇三年版《通縣志》載「明洪武四年（一三七一）徐達遷沙漠遺民至北平屯田，通州設八屯，漷州設九屯……洪武十四年（一三八一）二月，漷州民貧賦薄，降稱漷縣，隸通州」；《明史·太祖本紀》載「（洪武）四年，徙山后民萬七千户屯北平」，《明史·地理志》的「通州」

條下記「漷縣，州南。元漷州。洪武十四年降爲縣，來屬」。從以上資料看，漷州應該是在洪武十四年降爲縣的，初年（三年、四年、五年）衹是一次人口的大遷徙。

此外，還有一條史料存疑。在《明太祖實録》中，洪武年間漷州有兩次「降縣」的記載，即十年（一三七七）二月，「革北平府香河縣，以其地益漷州，改漷州爲縣……十四年二月，改北平府漷州爲漷縣」。爲何兩次降縣？不得而知。但在洪武十三年記載：「十一月，復置北平香河、平谷、懷柔、保定四縣」，這次香河縣的復置，可能與漷州的短暫恢復有關。當然，這僅是推測而已。

［二］［張家灣之南四十八村莊均屬漷縣］句：關於漷地「四至」（英文 relative location of adjoining parcels）的問題，以前的不計，從遼太平中設漷陰縣，金因之，元陞漷州，明初降爲縣，清代裁撤併入通州，在記述中均未交代四至。雖《通州志》中有漷南、漷東、漷西共一六五村莊名，但仍不明晰具體某一時期漷陰的地界。即使史料均已佚，起碼也應記下當時（道光年間）州判管理的具體範圍。憾矣。

# 川源

元史《河渠志》云：白河在漷縣東四里〔一〕，北出通州潞縣〔二〕，南入於漷州境。《方輿紀要》〔二〕云：白河源出宣化府〔三〕赤城縣〔四〕龍門所〔五〕（余）（東）滴水崖，東南〔六〕徑漷縣、武清東，而由直沽入於海。《明一統志》云：白河舊名白遂河。以兩岸（涉）沙白，寸草不名，故名。

明歸有光〔七〕《初發白河》詩：白河流水日湯湯，直到天津接海洋。我欲乘舟從此去，明朝便擬到家鄉。胡風刮地起黄沙，三月長安不見花。卻憶故鄉風景好，櫻桃初熟正還家。見《震川别集》。

又按，震川《壬戌紀［行］》〔八〕云，白河在漷州東北，出通州境，東南至香河界，又流入於武清，凡三百六十里，至直沽入海。

鳳河〔九〕。發源南苑，自漷邑城南臨溝屯前接東安縣交界，至武清縣朱家灣止，計長一千九百五十三丈。雍正四年〔一〇〕，怡親王〔一一〕奉命疏濬，洩入運河，境内無積潦之患。

運河〔一二〕。舊志云：源出［大］同府〔一三〕桑乾山，至蘆溝橋南［看］丹（山）口〔一四〕，分爲三派，［其］一爲漷河〔二〕。

泗河。舊志云：在漷縣東四里，即運河。以四水會流，故名泗河。一發源自塞外，東流經密雲縣，與潮河川合，流注通州城東北入白河，即通州潞河〔一五〕也〔三〕。一自塞外西流，入白羊口〔一六〕，經榆河〔一七〕下流沙河〔四〕，由順義南界至通州城東北入白河，即通州富河也；一發源於昌平白浮村〔一八〕神山泉，出西南匯爲西（河）［湖］〔一九〕，東入都城積水潭〔二〇〕，入宫墻太液池〔二一〕，南至玉河橋〔二二〕，由東南大通橋〔二三〕（迄）［迤］東入慶豐等閘〔二四〕〔五〕，即通（令）［會］河〔二五〕，入（日）［白］河〔六〕。一自都城左安門外草橋，流入南海子〔二六〕〔七〕，東出弘仁橋〔二七〕〔八〕，由水南新河至張家灣板橋入白河。見蔣一葵《長安客話》。

漷河。《畿輔通志》云：漷河自盧溝分流至漷縣。舊志云：水繞城郭爲漷，故名。河在縣西二十五里，由張家灣入白河，又經水南村曰水南河，至新河店曰新莊河，至倉頭村曰倉頭河，至黄匯村曰黄匯河，隨地得名，實即一水也。今河流多改道，護城之水多淤，漷河之名亦廢。

新莊河。舊志云：在縣南二十五里，即渾河下流。入武清縣韓村，不通舟楫。每歲秋盡冬初，土人架木成梁，以通車騎，水盛則撤之。今坐糧廳[二八]設稅局於此。

延芳淀。在縣西十里。遼史云：縣本漢泉（山）〔州〕之霍村，遼主每歲季春（戈）〔弋〕獵[二九]於延芳淀[九]。《燕山叢録》[三〇]云：漷縣西有延芳淀，大數頃，中饒荷芰[三一]、水鳥，遼主每季春來此（戈）〔弋〕獵，打鼓驚天鵝飛起，放海東青[三二]擒之。得一頭鵝，左右皆稱萬歲云。今不可考，惟近南海子有延芳村，或淀之舊址耳。

飛放泊[三三]。舊志云：漷境有遼之飛放泊三[一〇]。一在縣西南二十五里栲〔栳〕（岱）〔垈〕；一在縣南二十五里南新莊，云周圍八里；一在縣北八里馬家莊。今俱湮。

【註　解】

〔一〕潞縣：在今北京市通州區域内。據遼史記載，本漢舊縣，屬漁陽郡，在京東六十里。

〔二〕《方輿紀要》：即《讀史方輿紀要》，清初顧祖禹撰，全書共一百三十卷，是古代中國歷史地理、兵要地志專著。

〔三〕宣化府：即今河北宣化。清康熙三十二年（一六九三）置，轄宣化、赤城、龍門、懷來等七縣，蔚州、延慶、保安等三州。

〔四〕赤城縣：遼代置望雲縣，元代升爲雲州，清代置赤城縣。今隸屬河北省張家口市。

〔五〕龍門所：位於赤城縣之東莊，明宣德六年（一四三一）築城，同年置龍門守御千户所，由此得名。據《長安客話》載，「龍門所本元雲州地，距滴水崖六十里」。

〔六〕東南：此處引文不全，應爲「東流經密雲縣，入通州界，其支流亦從石塘嶺過懷柔縣西，順義縣東，入通州東境合焉，東南經潞縣、武清縣東，而入直沽，合衛河入海」。

〔七〕歸有光：字熙甫，别號震川，明代官員，著名學者。著有《震川先生集》等，代表作《項脊軒志》。

〔八〕《壬戌紀行》：文見歸有光《震川先生别集》卷之六，壬戌即明嘉靖四十一年（一五六二）。

〔九〕鳯河：在今北京通州區南部，源於今大興區南苑，在通州臨溝屯入境，東流至小甸屯後，入今河北省廊坊市安次區。安次，西漢置縣，元代改稱安東縣，民國復名安次縣。

〔一〇〕雍正四年：即一七二六年。雍正，清世宗胤禛年號。

〔一一〕怡親王：和碩怡親王，雍正元年（一七二三），康熙帝第十三子胤（允）祥被雍正帝封爲和碩怡親王。

〔一二〕運河：此處應是「渾河」。

〔一三〕大同府：在今山西省北部，明洪武二年（一三六九）置府，直轄二縣四州。清初沿明制，後領屬有變。

〔一四〕看丹口：即今北京豐臺區花鄉看丹村附近。

〔一五〕潞河：又稱白河、北運河。北連京師，東南達天津，連接京杭大運河，是元、明、清時漕運的重要組成部分。

〔一六〕白羊口：在北京昌平正西四十里，元代成村，明代中葉建城，又稱白羊城。白羊城是防御關隘之一，與長峪城、鎮邊城、居庸關等構成京師北部長城以内的整體防綫。

〔一七〕榆河：即温榆河，古稱温餘水，因幹流北側有湯山一帶温泉水匯入，且水量較大而得名，遼代始稱今名，又稱榆河，俗名富河。

〔一八〕白浮村：位於今北京昌平區馬池口鎮，村東北角有一山名龍山，山麓有裂隙泉，昔日出水甚旺，謂之白浮泉，亦稱神山泉。據《元史·河渠志》載，元至元二十八年（一二九一），郭守敬奉詔興舉水利，自昌平縣白浮村引神山泉西折南轉，至西水門入都城。

〔一九〕西湖：即今北京西山之昆明湖。昆明湖的前身叫瓮山泊，地處北京西郊，因此又被稱爲西湖，乃五里外玉泉山水所瀦。

〔二〇〕積水潭：位於北京城西北隅的一片湖泊，又名海子、蓮花池等，元代時包括前海、後海、西海共三個湖，是當時大都城内巨大的水面。這裏可以停泊從南方來的漕糧船隻，積水潭碼頭是物資商貨的集散地。

〔二一〕太液池：歷史上北京的太液池位置有變化。金中都時期，太液池在今廣安門外南街一帶，已湮滅；元大都時期，太液池是今北海及中海兩湖的總稱，在皇城之内；到了明清時期，皇城南移，開挖南海，此時北海、中海、南海三水合稱太液池，屬於皇城西苑。

〔二二〕玉河橋：此應指天安門前的金水橋，又名玉河橋、御河橋。明永樂十五年（一四一七），北京修建皇宫時造木橋，正統二年（一四三二）改修石橋，至景泰三年（一四五二）竣工。

〔二三〕大通橋：指明代北京東便門外的一座三孔石橋，此處亦爲通惠河上的水閘，名大通閘。《長安客話》載：「出崇文門二里許，有大通橋。水從玉河中出，波流演迤，帆檣往來，直至通州橋下。」

〔二四〕慶豐閘：從東便門大通閘往東，即是慶豐閘，又被稱爲二閘。元時最初叫「籍東牐」，後改現名。

〔二五〕通會河：即通惠河，是元代挖建的一條漕河，全長一百六十四里，主要位於今北京市的通州區和朝陽區。

〔二六〕南海子：位於都城南二十里，今北京的大興區和豐臺區一帶。此處地勢比較低窪，多年的河水、雨水和泉水匯集，形成了一個很大的水面，因爲在京城之南，故稱南海子。

〔二七〕弘仁橋：即通州馬駒橋，位於京東南的涼水河畔，今通州區西南部。

〔二八〕坐糧廳：清代户部分場衙門特設的官署，駐通州，掌管漕糧驗收、水陸運輸及通濟庫銀出納和北運河的疏濬工程。

〔二九〕弋獵：即射獵。弋，用帶繩的箭射。

〔三〇〕《燕山叢録》：明徐昌祚撰，約在明萬曆三十年（一六〇二）成書。徐昌祚係常熟人，曾在刑部爲官。據《四庫全書總目・子部・小説家類存目》云：「是編多載京畿之事，故以燕山爲名。」

〔三一〕荷芰：指水生草本植物荷葉與菱葉。

〔三二〕海東青：學名矛隼，屬隼科猛禽，其喙爪像鐵鈎一樣硬，飛得既快又高，能捕天鵝、野鴨、兔、狍等禽獸。遼、金、元時期契丹族、女真族和蒙古族的貴族，以及清皇室貴族都有用海東青捕獵的習俗。

〔三三〕飛放泊：據《元史・兵志四》記載，「春冬之交，天子或親幸近郊，縱鷹隼搏擊，以爲游豫之度，謂之飛放」。泊，即湖水，湖泊。

## 【校註札記】

［一］「白河在漷縣東四里」句：《日下舊聞考》關於白河的記述如下：

白河自密雲南至牛欄山，與潮河合流，至通州入直沽，一名白遂河。（明《一統志》）

河兩岸皆白沙，不生青草，故名。（《通州志》）

都城經通州六十里爲大通河，通州至直沽三百六十里爲白河。（《漕船志》）

（通）州東二十里白河，源出宣府衞龍門所東滴水崖，東流入密雲縣北境之石塘嶺，過縣西入通州界。其支流亦從石塘嶺過懷柔縣西，順義縣東，入通州東境，合焉。東南經漷縣、武清縣而入直沽，合衛河入海。一名潞河，亦曰沽水。（《日下舊聞考》）

［二］「運河。舊志云：源出大同府桑乾山，至盧溝橋南看丹口，分爲三派，其一爲漷河」句：此處「運河」錯，應是渾河。據《明史·河渠志》記載：「桑乾河，盧溝上源也……東下大同古定橋，抵宣府保安州，雁門、應州、雲中諸水皆會。穿西山，入宛平界。東南至看丹口，分爲二。其一東由通州高麗莊入白河。其一南流霸州，合易水，南至天津丁字沽入漕河，曰盧溝河，亦曰渾河。」《元史·河渠志》亦載：「渾河，本盧溝水，從大興縣流至東安州、武清縣，入漷州界。」運與渾字形相似，故疑張寫本錯訛。首圖本亦是「渾河」。

另，首圖本與張寫本均爲「至盧溝橋南丹山口」，查盧溝橋附近無丹山口地名，今據《明史·河渠志》改。

［三］「即通州潞河也」句：據《長安客話》載，潞河即外漕河，俗名白河。潞水自塞外丹花嶺合九泉水，一南經安

樂故城，與螺水合，爲東潞河。一南經狐奴故城，與鮑丘水合，爲西潞河。安樂故城在今北京順義西南古城村北。狐奴縣置於西漢初年，屬古漁陽郡，故城在今順義北小營北府村前，狐奴山下。另據《水經註》記載，經安樂故城東的爲西潞河，經狐奴城西的爲東潞河。從兩城地理位置看，此説似應準確。

［四］「經榆河下流沙河」句：溫榆河發源於燕山南麓的昌平、延慶、海淀一帶山區，東沙河、北沙河、南沙河三條支流在昌平的沙河鎮匯聚成溫榆河幹流，沿途依次匯入清河、壩河、小中河等支流。溫榆河中游通稱沙河，自昌平流逕安樂故城（今順義附近）西，東南流至通州，與白河交會，至通州城北關閘，即此爲分界綫，以上河道統稱爲溫榆河，以下河道名爲潞河。明清時期，潞河成京杭大運河北端的一段河道，又名北運河。

［五］「由東南大通橋迤東入慶豐等閘」句：由於水位的原因，通惠河上建了若干座閘。《金史・河渠志》記載，「金都於燕，東去潞水五十里，故爲牐以節高良河、白蓮潭諸水，以通山東、河北之粟」。牐即閘，元代郭守敬疏鑿通州至大都河渠，建了二十多處壩閘，節水以通漕運。據《元史・河渠志》記載，此閘當時叫「籍東牐」，元成宗元貞元年（一二九五），改名慶豐。

［六］「即通會河，入白河」句：據《元史・河渠志》記載，其源出於白浮瓮山諸泉水，在金代舊河閘的基礎上，由都水監郭守敬主持修建。自至元二十九年（一二九二）開工，至元三十年（一二九三）完工，總長一百六十四里，用工二百八十五萬。元世祖忽必烈很重視此工程，「役興之日，命丞相以下皆親操畚鍤爲之倡」。並將此河命名爲通惠河。

在張寫本與首圖本中，本句均作「即通令河，入日河」，今據《長安客話》改。

〔七〕［流入南海子］句：據《長安客話》載，都城内一部分河湖水經左安門外草橋，也流入南海子。南海子歷史上是北京的大濕地，是遼、金、元、明、清五朝皇家獵場和明、清兩朝皇家苑囿。據《日下舊聞考》記載：「元明以來，南海子周環一百六十里。」

〔八〕［東出弘仁橋］句：據《帝京景物略》記載：「出左安門東行四十里，石橋五丈（按，數不確），曰弘仁橋。」馬駒橋原來是座木橋，明朝天順六年（一四六二），英宗皇帝見此地商賈雲集，又離皇家獵場（南海子）很近，就頒旨改建爲九孔石橋，並賜名弘仁橋，清乾隆三十八年（一七七三）重修。

〔九〕［遼主每歲季春弋獵於延芳淀］句：《志略》此事記述較簡單，《遼史·地理志》載：「遼每季春，弋獵於延芳淀，居民成邑，就城故漷陰鎮，後改爲縣。在京東南九十里。延芳淀方數百里，春時鵝鶩所聚，夏秋多菱芡。國主春獵，衛士皆衣墨緑，各執連鎚、鷹食、刺鵝錐，列水次，相去五七步。上風擊鼓，驚鵝稍離水面。國主親放海東青鶻擒之。鵝墜，恐鶻力不勝，在列者以佩錐刺鵝，急取其腦飼鶻……國主、皇族、群臣各有分地。户五千。」由此得知，當初漷陰的沼澤、湖泊面積很大，水生植物茂盛，棲居着很多禽類，因此爲統治者所占據，成了弋獵、捺鉢的好地方。

弋獵，張寫本作「戈獵」，今據首圖本改。

〔一〇〕［漷境有遼之飛放泊三］句：此説恐不確。一則飛放泊是元代對水泊的稱呼；二則遼代的延芳淀因水豐草美而成爲弋獵、捺鉢之地，衹是由於渾河泛濫及湖泊自身萎縮，延芳淀在元代析爲馬家莊飛放泊、栲栳垡飛放泊、南新莊飛放泊等小湖泊。到了清中期則完全衍爲平陸了。

# 堤防

漷境爲漕河要衝，夏秋水汛防禦最慎。今可考者，舊志云：楊景芳堤在縣東南三里[一]，即今楊家堤。馬頭店堤在縣東南六里，間與兩家店堤東岸相接，即今馬家堤。其地沙岡起伏，林木蓊（翳）〔翳〕[二]，水鳥、風帆宛轉碧波間，頗具江南風景。又白浮圈堤在縣東南十八里，因瀕圮[三]，乾隆三十七年[三]奉文修築。

庭芬《秋日過馬家堤》詩附：平沙少林木，忽擁岡巒勢。蜿蜒繞長河，雜樹互擁蔽。境静秋日凉，微聞鳥聲細。土屋八九家，收秫趁晴霽[四]。大有桃源風，婦孺盡椎髻[五]。堤脊俯水涯，葉葉蒲帆濟。遥看塞外山，翠屏了無際。炊烟出遠村，皎如匹練[六]曳。怡情一（從）〔縱〕目，消我俗塵閉。不意荒寂中，得此清凉世。

長（凌）〔陵〕營堤[二]，在縣東南二里餘，河身漸轉而東。土人云，冬月堅冰厚五六尺，堤防兵役中夜聞有聲如雷[三]，天明起視，則裂數十里，若有物出入其間。頻歲遇此，亦可異焉。

庭芬《寒食散步長陵營》詩附：薄寒中體不成春，枉説清明物（侯）〔候〕新。蝶翅驚霜依凍麥，桃花和雨灑輕塵。荒荒廢（埃）〔堠〕〔七〕迷沙磧〔八〕〔四〕，漠漠濃雲護水濱。絶少人家作寒食，踏青何處認雕輪〔九〕？

縣北長堤。又名白龍堤。舊志云，始於張家灣之善人橋，達縣之北門，綿亘三十餘里。蓋元明漕河所經，築此以衛。今河非故道，已距水四五里，遂成平陸，而遺址（穹）〔巋〕然〔一〇〕尚存。

張家灣堤。向爲漕運極衝〔一一〕，人烟繁盛。自嘉慶十年〔一二〕後，河道移至沙孤堆，已成涓涓細流，堤防盡廢，民氣蕭瑟矣。《查浦輯聞》〔一三〕云：張家（匯）〔灣〕通州商税起於明正德〔一四〕間，（大）〔太〕監于經勸上（征）〔徵〕之，以其餘營〔碧〕雲寺〔一五〕，今税務僅存。

曹家莊堤。在縣東十九里，明萬曆三十九年〔一六〕，築小屯堤，在縣東南二十五里，乾隆三十七年奉文重修。

【註　解】

〔一〕蓊翳：茂密的意思。

〔二〕圮：坍塌。

〔三〕乾隆三十七年：即一七七二年。

〔四〕霽：雨雪停止，天氣放晴。

〔五〕椎髻：又稱椎結，是將頭髮結成椎形的髻，我國古代的髮式之一。

〔六〕匹練：即成匹的白絹。

〔七〕堠：土堡或記里程的土堆。

〔八〕沙磧：沙漠。

〔九〕雕輪：指雕花彩飾的車，華美的車。

〔一〇〕煢然：孤立貌。

〔一一〕衢：即交通要道。

〔一二〕嘉慶十年：即一八〇五年。嘉慶，清仁宗顒琰年號。

〔一三〕《查浦輯聞》：二卷本。清朝查嗣瑮撰。嗣瑮字德尹，海寧人。康熙庚辰進士，官至翰林院侍講。據《四庫提要》云，是書乃抄撮雜家之言可資博覽者，大抵皆節録原文，無所考據，間有自附新語，不過數條。

〔一四〕正德：明武宗朱厚照的年號，一五〇六年至一五二一年。

〔一五〕碧雲寺：位於今北京海淀區香山公園北側，西山餘脉東麓，是一座園林式寺廟。建於元至順二年（一三三一），始稱碧雲庵，明正德年間，御馬監太監于經曾對寺進行擴建，改稱碧雲寺。至清乾隆年間，又對寺進行了大規模修建。

〔一六〕　萬曆三十九年：即一六一一年。萬曆，明神宗朱翊鈞的年號。

## 【校註札記】

〔一〕　［楊景芳堤在縣東南三里］句：《通州志》載，楊景芳自淮安遷通州，居城南藁村，不在漷邑之内。不知爲何在此有楊景芳堤，並置楊家堤村。

〔二〕　［長陵營堤］句：長陵營在舊志中多作長淩（凌）營，如乾隆、光緒《通州志》，《光緒順天府志》《民國通縣志稿》皆作長凌營。而新志則作長陵營，如二〇〇八年版《北京志·地名志》，二〇〇三年版《通縣志》。地名中的同音字變化是何原因不得而知，類似的還有，如得仁務/德仁務，里二泗/李二寺等。

〔三〕　［堤防兵役中夜聞有聲如雷］句：此乃冰凌現象之一。一般水在攝氏零度開始結冰，體積會增大，向外膨脹，在氣温特别低時，冰層加厚，膨脹系數更大，在河床内受到限制，無法外延，冰層薄弱處不堪壓力而向外漲裂，並發出聲響。人們會感覺像有物衝出似的，因而驚异。

〔四〕　［荒荒廢堠迷沙磧］句：張寫本作「廢堠」，不通，今據首圖本改。

# 村集

《通州志》云：漷南四十七村莊〔一〕，漷西六十三村莊〔二〕，漷東五十五村莊〔三〕，共一百六十五村莊。今編查保甲，僅存一百四十村莊。除歸入鄰縣及通州，漷縣得均其賦役者，得四十八村莊〔二〕。按，其北十八里至張家灣，人煙始盛，故不列村莊。

旗莊〔四〕乃八旗圈地包衣〔五〕旗人〔六〕屯居處〔二〕，有聚處一莊，有散處各莊，管理旗政有領催〔七〕、屯目〔八〕等名，不設保正〔九〕。

市集即古人所謂趁墟是也。漷縣城内所集場地，逢雙日期，縣前南街輪當。永樂店逢單日集，馬頭店按日早集，牛堡屯一、五、三、八日集。于家務二、四、七、十日集。屆期得徵其騾馬雜税。

【註解】

〔一〕漷南四十七村莊：田村、丁家莊、黄廠鋪、永樂店、西莊、西張各莊、東張各莊、鄧各莊、後甫、大洋、小安、大務、何各莊、得仁務、半截河、南馬房、柴廠屯、應寺、三堡、小甸屯、熬硝營、臨溝屯、回回營、棗林、邱家莊、渠頭、吴家寺、南德、傅各莊、滿家莊、大王各莊、窑上、崔各莊、草廠、東魯村、北辛店、北堤寺、翟各莊、西魯村、倉上、馬家務、塘頭、小海子、小王各莊、郭家莊、小新莊（距州城四十四里）、小務。（據《乾隆通州志》）

〔二〕漷西六十三村莊：漷縣、榆林莊、南陽、許各莊、王家樓、靛莊、小新莊（距州城二十五里）、大青山、北儀閣、小青山、南關、小杜市、六郎莊、姚家新莊、大杜市、陳各莊、堰上、團瓢莊、小營、堤上、駙馬莊、前銀子、後銀子、小周易、大周易、西田陽、史家村、果家村、東田陽、大松垡、柴家務、小松垡、大馬各莊、小馬各莊、小耕垡、于家務、西馬房、神樹、白垡、前伏裹、果村、西栲栳垡、後伏裹、東栲栳垡、大耕垡、神仙、新河、牛堡屯前街、南火垡、南儀閣、牛堡、邢家街、南大化、白各莊、大北關、小北關、路關、路家新莊、南新店、高家營、西永河屯、小杜家莊、坨堤、東永河屯。（據《乾隆通州志》）

〔三〕漷東五十五村莊：沈家莊、高家莊、西黄垡、大香儀、軍屯、小香儀、東定安、柏家莊、徐官屯、西定安、上武吉、李家新莊、麥子店、施家村、毛家莊、南屯、東槐家莊、老槐家莊、徐家莊、軍莊、尖村、孔家莊、元化、西小槐家莊、魯城、後營、梁家務、侯黄莊、王灰莊、陳家新莊、小屯、魯家務、曹家莊、張家莊、鋪上、白浮圈、曹家店、東寺莊、紀各莊、大柳樹、石槽、東黄家莊、馬頭、馬家堤、兩家店、長陵營、楊家堤、凌家莊、尖平莊、東黄垡、隆家莊、小盒莊、安平、西黄家莊、扁城。（據《乾隆通州志》）

〔四〕旗莊：清兵進關後，順治初年開始在京畿地區圈占大量官民田地，一部分作爲皇室官地，設立皇莊，其餘按身份不同分配給滿洲王公大臣和八旗官兵。經過圈地分配後，出現許多等次不同的旗莊。

〔五〕包衣：滿語，全稱爲「包衣阿哈」，家奴的意思，係清代八旗内部的一種特殊人身領屬制度，是皇室及八旗貴族的家奴。

〔六〕旗人：一五九一年，努爾哈赤統一後金諸部，爲適應征戰的需要，建立以滿洲人爲主的八旗制度，在旗的人稱爲旗人。後隨戰事發展，八旗逐步擴大，形成以滿洲人、漢人、蒙古人爲主的八旗人群。

〔七〕領催：官名。清代的旗營制度，於佐領之下置數名領催，滿語稱「撥什庫」，掌管佐領内的文書、餉糈、庶務等。

〔八〕屯目：清代由官府從屯居旗人中選出之頭目。

〔九〕保正：即保長，專司民間犯法及户口管理諸事。清代規定，十户爲牌，立牌長；十牌爲甲，立甲長；十甲爲保，立保長。

## 【校註札記】

〔一〕「漷縣得均其賦役者得四十八村莊」句：如前所述，未能查到此四十八村之名，地方志貴在細節，然《志略》在此方面欠缺不少，如田畝數、賦税額、人口數等。

〔二〕「旗莊乃八旗圈地包衣旗人屯居處」句：哪個村莊是旗莊，多少旗人，圈地占田畝多少，均無記載。據《乾隆通州志》載：「凡州境屯居旗人有聚處一莊者，有散處各莊者，即在本州現在六百十村莊之内，故不另列。至旗人居住之州縣，向設有鄉屯領催，日久廢弛，漸無專責……（雍正年間）現在通漷旗莊共設三十二牌，每牌領催一名，領催所管屯目酌其村莊多寡，每莊設屯目一名，大莊亦有設二名者。通共領催三十二名，屯目一百六十三名……」按十户一牌計，通漷有旗人三百二十户，至於具體人數就不得而知了。

河北本將「包衣」錯抄爲「色衣」。

# 城池

漷縣故城〔一〕。《遼史》云：縣本漢泉州之霍村鎮〔二〕，每季春，（戈）〔弋〕獵於延芳淀。居民成邑，就築爲城，後改爲縣，（東）〔在〕京［東］南九十里〔三〕。《萬曆漷縣志》云：縣舊無城，正德初始築土垣，嘉靖〔一〕間增修之。《畿輔通志》云：漷陰故城在通州南四十里。按，距京九十里之城已無考，今城距京七十里，與《畿輔［通］志》合。

《通州志》云：漷舊無城。明正德初，知縣郭梅〔二〕築土城，周二里。嘉靖二十二年〔三〕，巡撫〔四〕（閏）〔閻〕委〔五〕州同陳昶〔六〕增修，周三里。三十五年〔七〕，知縣（知縣）（李）〔吕〕哲〔八〕重修，題其四門：東曰臨津，西曰通都，南曰迎薰，北曰拱闕，歲久傾圮。萬曆四年〔九〕，知縣李子（擢）〔躍〕〔一〇〕（乘）、宋祉〔一一〕相繼修葺，甃〔一二〕以磚石，重建南北二門。改北門曰鞏京，東西開小門二，每門各設小樓。周圍六百二十三丈，高一丈八尺，［底］闊二丈二尺。崇禎八年〔一三〕，知縣涂應召〔一四〕勸民捐修，增高五尺，闊如之。國朝順治十一年〔一五〕，大水衝城之西、南、北三面，皆圮。自歸併通州之後，不復興（收）

〔修〕，（西門北二）〔西北二門〕坍塌無迹。東則斷如岡阜〔一六〕，惟門巍然獨存〔四〕。

庭芬《雪霽登城望塞上諸山》〔詩〕附：寒風吼晴空，冷日照砂（磧）〔磧〕〔一七〕〔五〕。踏雪步城坳〔一八〕，平原埋馬迹。東瞻（寒）〔塞〕上山〔六〕，蒼翠頓改易。卷舒迷雲窗，明净疊練帛〔一九〕。玉笋拱天（關）〔闕〕，瑶臺依石壁。嵦嵦未可窮，皎皎可無隔。奇觀勝峨嵋，相離若咫尺。耳聽啾啁〔二〇〕聲，（乾）〔干〕雀凍回紇〔七〕〔二一〕。

張家灣城〔八〕。明嘉靖四十三年〔二二〕禦倭寇所築。惟南北二門，高與舊灤城相埒〔二三〕，周可三里餘，磚石極鞏固。設一參將〔二四〕守之，糧運通判〔二五〕仍駐其地。

案徐文貞〔二六〕《張家灣城記》曰：自都門東南行六十里，有地曰張家灣，水陸之（合）〔會〕也。嘉靖甲子始築城，東北濱潞河，阻水爲險，西北環以濠。

【註　解】

〔一〕嘉靖：明世宗朱厚熜年號，一五二二年至一五六六年間。

〔二〕郭梅：山西定襄人，明正德初年任知縣。

〔三〕嘉靖二十二年：即一五四三年。

〔四〕巡撫：古代官名，初爲中央臨時派至各地巡撫的官員，事畢即罷。明代逐步常設，與總督同爲地方最高長官。

〔五〕委：委托、委任。

〔六〕陳昶：湖廣監生，嘉靖年間任通州州同。

〔七〕三十五年：明嘉靖三十五年，即一五五六年。

〔八〕吕哲：陝西麟游人，舉人，明嘉靖三十五年任知縣。

〔九〕萬曆四年：即一五七六年。

〔一〇〕李子躍：山東平度州人，舉人，明萬曆二年任知縣。

〔一一〕宋祉：河南許州人，舉人，明萬曆五年任知縣，後陞均州知州。

〔一二〕甃：本意是磚砌的井壁，此處爲動詞砌的意思。

〔一三〕崇禎八年：即一六三五年。崇禎，明毅（思）宗朱由檢的年號。

〔一四〕涂應召：遼寧鐵嶺人，貢生，明崇禎年間曾任知縣。

〔一五〕順治十一年：即一六五四年。

〔一六〕岡阜：土山堆。

〔一七〕砂磧：磧，水中砂堆，砂磧即砂漠。

〔一八〕城坳：坳，山間平地，這裏指城垣上的平道。

〔一九〕練帛：白絲絹。

〔二〇〕啾啁：擬聲詞，形容鳥鳴聲。

〔二一〕干雀涑回紇：回紇，中國古代西北地區少數民族部落，這裏應是借指冬季從西北刮來的寒風。

〔二二〕嘉靖四十三年：即一五六四年，甲子年。

〔二三〕埒：這裏是同等的意思。

〔二四〕參將：武官名，位在總兵、副總兵之次，分守各路。明清時代漕運也設參將，協同督催糧運。

〔二五〕通判：官名，在明朝是州的副長官，清代設於各府，分掌糧運及農田水利之事務。

〔二六〕徐文貞：徐階，明代名臣，松江府華亭人，謚號文貞。嘉靖二年（一五二三）以探花及第，曾任翰林院編修、禮部尚書兼文淵閣大學士等職，官至內閣首輔。

## 【校註札記】

〔一〕［漷縣故城］句：關於漷之治所，《千年古鎮漷縣》有記載，摘録如下：在遼太平年間（一〇二一—一〇三一）設置縣級行政區劃漷陰縣時，就將縣治（縣政府機關所在）設在漷陰鎮，並且以縣治設在市鎮名稱而稱縣名。元至元十三年（一二七六），在漷陰縣域内的柳林鎮設置漷州。約在此設元朝第三政治中心行宫時，漷州州治南遷到了武清縣的河西務，而約在至正初，州治又北遷到了漷陰縣縣治漷陰鎮。州治、縣治同在一處。明洪武十四年（一三八一），漷州降爲縣後，漷陰鎮祇存在漷縣縣治。清順治十六年（一六五九）漷縣廢除，原縣域成爲通州直轄區後，漷縣縣治也就不復存在。但是在廢縣治的地方，還設置了一個通州州判署，主管大運河治理事宜。在民國元年（一九一二），通州州判署撤銷。

［二］「縣本漢泉州之霍村鎮」句：據尹鈞科先生研究，全北京地區唯一明確知道的漢代村名，即泉州縣的霍村（今漷縣鎮漷縣村）。北魏天興二年（三九九），漁陽郡泉州縣廢除，霍村改屬雍奴縣。約在契丹（後改稱遼）會同初年（九三八），在南京（即今北京一帶）設置南京幽都府時，霍村改稱漷陰鎮。由以姓氏命名的村名變成爲以河流南北方位命名的鎮名。

［三］「在京東南九十里」句：首圖本爲「在京南九十里」，今依《遼史·地理志》改之。

［四］「惟門巍然獨存」句：首圖本作「惟南門巍然獨存」，《乾隆通州志》載「現西北兩門坍塌，周圍城垣亦多傾圮，惟東南兩門雖城門朽壞，規制猶存」。管廷芬編纂《志略》時，「東則斷如岡阜，惟門巍然獨存」，此門自然是指東門。

［五］「冷日照砂（磧）〔磧〕」句：首圖本爲「砂磧」，意思都差不多，從全詩用韵來看，應該是磧字。

［六］「東瞻塞上山」句：張寫本作「東瞻寒上山」，今據首圖本改。

［七］「干雀凍回紇」句：在冰天雪地裏，除了呼嘯的寒風，還有什麽聲音伴隨嚴冬？恐怕衹有這鳥兒了。「朝來雨霰復侵尋，干雀檐前空好音。」明清之際詩人陳維崧的詩句告訴人們，即使在寒冷天氣，自然界仍會有生命之音的鳴唱。

河北本作「干凍回紇」，漏抄「雀」字。

［八］「張家灣城」句：此處屬越界而書。管庭芬也明白，他在《書漷陰志略後》中説到張家灣時，提到「因密邇漷城，亦附存之，以備參考」。

# 衙署

駐漷州判署。在漷城東北隅，即舊縣治址。乾隆四十年〔一〕，州判李炳〔二〕因署内隙地二畝餘，中有古槐，僅存其半，即城根倚槐治亭，名曰半槐亭。四十一年，州判龍文鏕〔三〕修造並顔〔四〕二堂，曰半刺。其後凡判其地者，或寓通州，［或］僦〔五〕民舍，（衛）〔衙〕署荒凉，鞠〔六〕爲茂草。道光七年〔七〕冬，紳耆捐修。今存大門一（門）〔間〕，二門一間，土穀祠〔八〕三間，科房二間，衙房二間，馬房車舍二間，大堂三間，更夫巡房一間，二堂三間，簽押房〔九〕一間，内宅三間，左（大）〔右〕廂房共四間，厨房二間，西書房三間，客房二間。道光十年冬，州判管嗣許重爲興修西書房，顔曰琴餘書房，爲公餘退閒之地。

管嗣許《琴餘書屋即事》詩：垂垂槐蔭借西鄰，開到（朱）朱藤已餞春。急雨欲來窗自啓，嘲人俗吏是風塵。

永樂店。在縣西南十二里。有千總〔一〇〕防駐，賃民［居］，無署。

馬頭店。在縣東南二里。明永樂〔一一〕中設巡司〔一二〕，萬曆八年〔一三〕革。國朝派千總防駐，亦賃民居。參《一〔總〕〔統〕志》。

牛堡屯。在縣西十五里。市井殷繁，亦有武弁〔一四〕駐守，賃民居。

【註　解】

〔一〕乾隆四十年：即一七七五年。

〔二〕李炳：甘肅皋蘭人，貢生，乾隆三十八年任漷州判，丁憂，四十三年補通州州判。

〔三〕龍文鑣：江西吉水人，乾隆四十一年任漷州判。

〔四〕顏：這裏指門框上的横匾。

〔五〕僦：租賃。

〔六〕鞠：養的意思。

〔七〕道光七年：即一八二七年。

〔八〕土穀祠：土地廟，土穀是指土地神和五穀神。

〔九〕簽押房：簽押，簽字畫押的簡稱。古時州縣衙門的辦公文書要有關人員簽字、蓋印，履行手續都在簽押房内完成。

〔一〇〕千總：官名。明代京營兵和各地總兵下轄的低級軍官。清代稱營千總，爲正六品武官，漕運總督轄下也設千總，統率運軍和領運漕糧。

〔一一〕永樂：明成祖朱棣年號，一四〇三年至一四二四年。

〔一二〕巡司：官署名，即巡檢司。明清的巡檢均爲從九品，掌緝捕盜賊等雜職，而隸屬州、廳者，專司河防。

〔一三〕萬曆八年：即一五八〇年。

〔一四〕武弁：也稱武冠，原意爲武官的禮冠，後指代武官。這裏應是指軍卒。

## 鋪遞〔一〕

通州高力鋪，司兵三名，南至漷邑郭家鋪，十五里。郭家鋪，司兵四名，南至漷邑鋪，八里。漷邑鋪，司兵四名，南至黄場鋪，八里。黄場鋪，司兵四名，南至（仁德）〔德仁〕鋪〔二〕，十里。（仁德）〔德仁〕鋪，司兵四名，南至三（岱）〔垈〕鋪，十里。三（岱）〔垈〕鋪，司兵四名，南至兩家鋪，十里。兩家鋪，司兵四名，南至武清縣，屬河西務鋪，三十里。

### 【註　解】

〔一〕鋪遞：即驛站，是古代接待傳遞官府文書和軍情的人員的場所，也接待過往官員，提供食宿、補給和更換馬匹等。

### 【校註札記】

〔一〕「德仁鋪」句：張寫本爲「仁德鋪」，今據首圖本及《乾隆通州志》改。

# 寺觀

佑國甘泉寺。在縣西門外，久廢，僅存基址。乾隆四十二年〔一〕，漷州判龍文鑣倡建大殿三間，土房三間，召僧住持。其地曲水平橋，漁村柳岸，頗具江鄉景狀。建寺時於土中得石幢〔二〕一，高可三尺。其上範梵書〔三〕經文，下截楷書題識，云：大朝〔四〕中都漷陰縣佑國禪寺〔二〕西堂〔五〕謙公和尚，師懷州〔六〕東徐間人也。俗姓劉氏，幼歲出家，禮到（江）〔河〕南西平縣靈（山品）〔嵒〕（亨）〔寺〕講主〔七〕爲師〔二〕。於少林木庵處得法。師法嗣三人：净禪師、錦禪師、融禪師；七住大刹：仁山、仰山、歸儀、薦福、懷州、百嵒、（甘）甘泉佑國，兩處奉聖旨住持。何也，甘泉佑國（屯）寺創〔八〕蓋方丈雲堂、僧房、厨房大小三十餘間，重修佛殿，脊檐（在）〔再〕安（東）〔蚩〕吻〔九〕，又泥壁室諸處，興蓋極多，利濟后人，以屯種種殊勛，資嚴〔一〇〕先師，（光）〔莊〕嚴報土〔一一〕〔三〕。至元八年〔一二〕上元日〔一三〕。提點〔一四〕義正，監寺〔一五〕福洪，維那〔一六〕圓亮，直歲〔一七〕即和，小師〔一八〕圓孝，住持〔一九〕傳法嗣祖比丘圓融立石，翟慶泉刊〔四〕。案：佑國寺，舊志稱始於遼，據石幢，知寺亦久廢[五]。至元間重爲興建耳。此幢疑即謙公之塔志。文雖難歰[六]，得明兹寺之緣起。今作石座，重立於大殿之右。寺有古井，泉甚甘冽，故名。

庭芬《納涼之佑國甘泉寺》詩附：萬柳摇天緑染衣，一泓積水漱僧扉。破鐘不語新苔蝕，古佛銷金野（合）〔鴿〕肥[七]。宿雨乍晴平麥隴，晚烟輕颺繞蘆埼[二〇]。荒城幸有清閒境，曾説蕭家[二一]駐[二二]六飛[二三][八]。長板橋頭好法龕[二四][九]，依稀風景似江南。幢鎸梵字殘樵斧，壁篆蝸紋憺佛函。衹我披襟逃酷暑，阿誰揮麈伴深譚。定中詩意新收得，翠壓墻坳露遠嵐。

保國慈孝華嚴講寺。舊志稱在永樂店，爲慈聖太后[二五]發祥地[一〇]。萬曆三十六年[二六]，敕建[二七]於景命殿[二八]西，爲太后祈福。其寺不甚宏敞，今亦瀕圮，無僧守之，而琉璃碎瓦尚密布其間。前殿有彌勒佛銅像一軀，又銅鐘一口，周刻《陀羅尼經》[二九]，卧於草萊[三〇]，皆慈聖所捨鑄。殿壁畫佛菩薩變相甚奇古，惜駁蝕過半。後殿及藏經閣傾〔圮〕已盡。九蓮菩薩[三一]像設亦不存，而石座在焉。《志》又稱寺旁有至德真君廟[三二]，亦久廢。鄰近有關（北）〔壯〕繆廟[三三]，疑即其址。

明（初）〔神〕宗[三四]《御製漷縣景命碑》：朕惟帝王之興，率本母德。華渚〔三五〕洽陽〔三六〕，鍾靈肇慶。載之詩書，炳乎盛矣。朕以眇〔三七〕躬，御極三十五年，仰（馮）〔憑〕慈訓，方内乂〔三八〕安。深惟〔聖〕母皇太后功德閎茂，千古稀聞。順天府通州漷縣永樂店乃誕育之地，淑氣所鍾，宜有表章，以示來許。用是躬承慈命，量度經營，中創慈聖景命殿，前門後閣，（繞）〔繚〕以周垣，樹三坊於門外。左爲保國慈孝華嚴寺，右爲護國崇寧至德真君廟。爽闓〔三九〕宏壯，足以昭地靈，章濬〔四〇〕發，稱聖母所爲篤念源本之意。告成之日，慈顔悦豫〔四一〕，朕志（周）〔用〕寧，爰〔四二〕敕中官〔四三〕守護，仍各爲文勒石，垂諸永久。以朕凉薄，寧敢方〔四四〕古帝王。庶幾〔四五〕此地之無逖於華渚洽陽，則有聖母之烈在。其垂裕將千萬年，則景命亦千萬年，無疆之福，朕與内外共祇承之。爲紀其事，並係之詩。詩曰：翼翼京邑，漷水瀠〔四六〕之。璇源遠濬，載奠坤維〔四七〕。尊靈長樂，歡洽重闈〔四八〕，綿綿景命，百禄咸宜。眷〔四九〕兹湯沐，啓瑞集禧。周原膴膴〔五〇〕，寶殿攸〔五一〕基。重門邃閣，崇敞逶迤。仁祠左拱，靈宇右麗。甍〔五二〕連棟接，鳥革翬飛〔五三〕。虹祥式闡，慈念載怡。爰及薄海，（輝）〔耀〕景咸熙〔一一〕。聖母之德〔一二〕，綏此蒸黎〔五四〕。百千萬祀，永永無隳〔五五〕。〔時〕萬曆三十六年戊申十月。右碑已失，從舊拓本録，《明詩綜》僅存其詩。

庭芬《過永樂店保國華嚴寺》詩附：景命碑殘御製文，碧瓴墮地繡苔紋。欲垂香火千秋祀，不見蓮花九朵分。銅像（佛）無言淋暮雨，石壇空鎖罨愁雲。華嚴歷劫繁華改〔一四〕，一例蓬蒿對古墳。距寺里許即后（文）〔父〕李偉墓。〔一五〕

覺華寺〔一六〕，在坨堤。明（正）〔真〕定（宮）〔公〕主〔五六〕建，請敕賜名。今廢。禧鎮寺，在縣西二十里。崇興寺，在縣東南七里。俱見舊志，今無迹可考。外新河堤有新河寺，白浮圈有白浮寺，栲栳（垡）有天宮寺，田□有龍興寺〔一七〕，德仁務有鎮國寺，梁家務有龍泉寺，覓子店塔（者）〔北〕有鎮海寺〔一八〕，牛堡屯有朝陽寺，大楊村有大安寺，新河有大佛寺，南觀村有法寶寺，果村有正覺寺，小（荆岱）〔耕垡？〕有石佛寺，堤〔上？〕村有大寺，或廢或存，俱無古迹可考。

隆禧觀。在縣城，今觀已久廢，址亦未詳。

元王惲〔五七〕《大都路漷州隆禧觀銘》：道家者流（元）〔玄〕默〔五八〕稱，抱持其雌〔五九〕無所矜〔六〇〕。屋居火食相奉承，鳶飛戾天〔六一〕魚在泓。（時）〔疇〕〔六二〕不若爾休其生，爰因象〔六三〕設心自兢〔六四〕。仍用善俗滋良（上）萌〔六五〕，漷州維南泉故城。玉晨〔六六〕有庵無所營，（故）〔敝〕廬數間僅帡幪〔六七〕〔一九〕。一旦締結三十楹〔六八〕，烟光粼粼萬瓦青。正自肯構〔六九〕今有成，要擴師（受）〔授〕〔七〇〕昭〔七一〕（子）〔予〕誠。爲國迎祥禱上清，（戾金）〔鑾〕輿〔七二〕歲幸〔七三〕實省耕，延芳春水紛霓旌〔七四〕，游豫何啻歌三登〔七五〕？千秋萬歲樂事并，道人再拜乞此銘。隆禧因之播永馨，雲間嘆賞聞（熲）〔愾〕〔七六〕聲，安知不有成公興〔七七〕？見《秋（間）〔澗〕集》。

佑民觀〔二〇〕。在縣北十五里之里二泗〔七八〕〔二一〕，祀碧霞元君〔七九〕，歲豐則正月初至元宵必舉香會〔八〇〕，合邑若狂。其會有鐘旛〔八一〕、高蹻、秧歌、少林等目，以及弄獅、舞燈、跑馬、跳駝〔八二〕諸技，無不畢至。余適一遇之。

龍神廟。在城北白龍堤。堤爲北齊〔八三〕舊址，至元時重築之，建廟以鎮水口，后廢。萬曆三十五年〔八四〕，知縣艾友（夏）〔芝〕〔八五〕重建〔二二〕，今復傾圮，僅存古屋一間，且不庇風雨矣。廟前有井，名三潮井，大旱則取水以禱。舊志稱：水色晨青、午緑、晚紅，故曰三潮云。

廟之在城者，如文昌〔廟〕〔八六〕、藥王〔八七〕廟、火神〔八八〕廟、城隍〔八九〕廟在南門内，關壯繆廟在大東街口，俱存。馬王廟〔九〇〕已廢，今附祀於署中之土穀祠。

## 【註解】

〔一〕乾隆四十二年：即一七七七年。

〔二〕石幢：佛教用物，刻着佛名字或經咒的石柱子。

〔三〕梵書：即用梵文書寫。梵文，古印度的一種文字。

〔四〕大朝：古人對本朝的敬稱。

〔五〕西堂：佛教寺院設有四大班首，負責指導在禪堂修行的僧侶，即首座、西堂、後堂、堂主。西堂輔助住持指導修行，稱爲西堂首座，簡稱西堂。

〔六〕懷州：古代州名，今河南焦作、濟源一帶。北魏置州，歷隋、唐、宋、金後，元置懷孟路，後改置懷慶路。

〔七〕講主：佛教用語，指陞座講經説法的高僧。

〔八〕創：開創、首創的意思。

〔九〕蚩吻：即鴟吻，在中國古建築的屋脊上，常有一些神獸造型，稱作鴟吻，是建築物上的裝飾物。

〔一〇〕資嚴：資，在這裏是憑借的意思；嚴，尊敬的意思。

〔一一〕莊嚴報土：應是佛教所謂的四種浄土之一「實報莊嚴土」。

〔一二〕至元八年：即一二七一年。

〔一三〕上元日：即正月十五上元節（元宵節）。

〔一四〕提點：主管寺内金穀之事的僧人。

〔一五〕監寺：又稱監院，寺院高級管理人員，是住持的右臂，負責寺院庶務。「監院一職，總領院門諸事」（見《禪苑清規》）。

〔一六〕維那：寺院執事之一，掌管寺院内外僧事等。

〔一七〕直歲：寺院執事之一，掌管寺院殿堂、寮舍修建等事務。

〔一八〕小師：對年輕出家人的稱呼。

〔一九〕住持：佛教僧職，原爲久住持佛法的意思，後用作寺院主管僧的職稱。亦稱方丈，尊之曰長老。

〔二〇〕埼：指彎曲的水岸。

〔二一〕蕭家：指遼聖宗耶律隆緒的母親蕭太后。

〔二二〕駐：即駐蹕，皇帝出行沿途停留暫住。

〔二三〕六飛：皇家專用飛馳的六駕馬車，喻帝位或皇權。

〔二四〕法龕：供奉佛像的石室或櫃子，這裏指代寺廟。

〔二五〕慈聖太后：即孝定慈聖皇太后，明神宗朱翊鈞（萬曆帝）生母，李姓，漷縣永樂里人。

〔二六〕萬曆三十六年：即一六〇八年。

〔二七〕敕建：奉皇命所建。敕，皇帝的詔書、命令。

〔二八〕景命殿：景命，即千萬年之意，明神宗爲頌母德，祈福壽，按皇家風格在永樂店修建了景命殿等建築。

〔二九〕《陀羅尼經》：一部佛經簡稱，全名《千手千眼觀世音菩薩廣大圓滿無礙大悲心陀羅尼經》。此經是佛教懺儀作法之書，如法修懺，不僅可以消災得福，死後還可往生西方净土。

〔三〇〕萊：即藜，一種草本植物。

〔三一〕九蓮菩薩：明神宗生母慈聖皇太后（李太后）出身卑微，其子繼承皇位後，爲改變形象，托詞夜夢一菩薩，七寶冠帔，九首而坐一金鳳，於是宫人均言菩薩即太后。太后修慈壽寺，並建九蓮閣，供奉九蓮菩薩，即按太后面容塑。

〔三二〕至德真君廟：全名「護國崇寧至德真君廟」，俗稱關帝廟，爲李太后族人家廟，供祀其祖先神位。

〔三三〕關壯繆廟：即關公廟。據《三國志》，蜀漢後主劉禪追謚關羽爲「壯繆侯」。

〔三四〕神宗：明朝第十三代皇帝朱翊鈞的廟號，年號萬曆，在位四十七年。

〔三五〕渚：水中的陸地，沙洲。

〔三六〕洽陽：又稱洽川，在陝西省合川縣。相傳這裏是「三代聖母」（大禹、周文王、周武王之母）的誕生地。

〔三七〕眇：原義是盲一目，這裏是微小的意思，同「藐」。

〔三八〕乂：治理。

〔三九〕闓：開闊、明朗之意。

〔四〇〕濬：浚，這裏是深遠的意思。

〔四一〕豫：安樂、快樂。

〔四二〕爰：於是。

〔四三〕中官：這裏指朝廷内官。

〔四四〕方：比擬、相比。

〔四五〕庶幾：差不多，幾乎。

〔四六〕瀠：水流圍繞。

〔四七〕坤維：指西南方，大地的中央，這裏借指母親品德。

〔四八〕闈：宫門。

〔四九〕眷：顧也。這裏是恩顧、重視的意思。

〔五〇〕膴膴：肥沃。

〔五一〕攸：所、乃、就的意思。

〔五二〕 甍：屋脊。

〔五三〕 鳥革翬飛：革，鳥張翅；翬，羽毛五彩的雉鷄。形容宫殿華麗。

〔五四〕 蒸黎：老百姓。蒸，通烝，衆多；黎，黎民。

〔五五〕 隳：毁壞。

〔五六〕 真定公主：明仁宗朱高熾女兒，母李賢妃。

〔五七〕 王惲：字仲謀，號秋澗，衛州路汲縣（今河南省衛輝市）人，元朝著名學者、詩人兼政治家。

〔五八〕 玄默：道家講「天道玄默」，即清静之意。

〔五九〕 抱持其雌：出自老子的《道德經》，原句爲「守其雌」，意思是安守雌柔的地位。

〔六〇〕 矜：這裏是驕傲、誇耀的意思。

〔六一〕 鳶飛戾天：出自《詩經·大雅》。鳶，是一種鷹；戾，這裏是至、到的意思。

〔六二〕 疇：這裏是誰的意思。《爾雅·釋詁》載「疇，誰也」。

〔六三〕 象：像，這裏是法式、榜樣的意思。

〔六四〕 兢：這裏是强勁的意思。

〔六五〕 萌：通「氓」，即老百姓。

〔六六〕玉晨：大羅靈寶天尊雅號，道教尊奉的最高神「三清」之一，又稱上清、上清大帝。

〔六七〕帲幪：古時稱覆蓋用的東西，指帳幕等。

〔六八〕楹：這裏是量詞，古人計算房屋的單位。或説一間爲一楹，或説一列爲一楹。

〔六九〕肯構：原句出自《尚書·大誥》，蓋房屋。

〔七〇〕師授：道教的傳教、弘教主要以師授徒受的模式進行。

〔七一〕昭：這裏是表明、顯示的意思。

〔七二〕鑾輿：即鑾駕，皇帝的車駕。

〔七三〕歲幸：元代皇帝每年到上都避暑，往返兩次經過此地。幸，指皇帝到某處去。

〔七四〕霓旌：彩旗。

〔七五〕三登：連續二十七年五谷豐登爲三登，借指天下太平。

〔七六〕慨：這裏是嘆息的意思。

〔七七〕成公興：十六國後期至北魏初期隱士、大儒，曾爲北魏前期道教領袖寇謙之家勞作，並向他傳授天文曆算之學，被寇謙之稱爲「仙人」，故後世將成公興視爲隱遁於俗世、和光同塵的神仙人物。

〔七八〕里二泗：村名，位於元代漷縣境内泗河岸邊，現仍有此村。

〔七九〕碧霞元君：道教信仰的山神，全稱「東岳泰山天仙玉女碧霞元君」，是中國北方地區「庇佑衆生，靈應九州」的女神。

〔八〇〕香會：民間朝山進香的活動，也指民間在進香時組織祈福、娛樂活動的臨時團體。

〔八一〕鐘幡：即中幡。幡是旗的一種，中幡原是宫廷儀仗中裝飾華麗、可用於比賽力量的一種旗幟，後演變成民間廟會的表演形式。耍、舞中幡是傳統雜技項目。

〔八二〕跳駝：即跳駱駝，一種源於北方游牧文化的祈福娛樂形式，像舞獅一樣由人扮成駱駝進行表演，清中後期逐漸衰落、消失。

〔八三〕北齊：我國南北朝的北朝政權之一，於公元五五〇年取代東魏建立，公元五七七年被北周滅亡，其統治區域大致包括今洛陽以東的晋、冀、魯、豫四省大部，蘇、皖兩省各一部，以及内蒙古的部分地區。

〔八四〕萬曆三十五年：即一六〇七年。

〔八五〕艾友芝：貴州都匀人，舉人，萬曆三十五年任。

〔八六〕文昌：即文昌帝君，是民間和道教尊奉的掌管士人功名禄位之神，亦稱文昌星。

〔八七〕藥王：對古代名醫的尊稱。各時代、各地方尊奉的藥王不同，有扁鵲、丕彤、孫思邈、張仲景等，被民間神化而供奉於廟。

〔八八〕火神：民間信仰神祇之一。北方漢族傳説中最著名的火神是祝融，又稱爲火德真君。

〔八九〕 城隍：又稱城隍爺，是民間和道教中城池的守護神、司法神。

〔九〇〕 馬王廟：祭祀馬王爺的廟宇，也是明清時辦理馬政的機構。馬王爺即道教中的靈官馬元帥，民間有「馬王爺三隻眼」之説。

## 【校註札記】

〔一〕 「大朝中都漷陰縣佑國禪寺」句：乾隆四十二年，建寺出土石幢一，有題識云「大朝中都漷陰縣佑國禪寺……」云云。張寫本「大朝」，河北本抄爲「大廟」。雖碑刻原文已漫漶，剥蝕不清，無法核校（見《千年古鎮漷縣》一書），但可推斷作「大朝」。大朝者，古人對本朝的敬稱，如二〇一五年出土《大朝故宣差都總管萬户成都路經略使劉公墓志銘並引》，志主劉黑馬，於元世祖中統三年（一二六二）兼成都路軍民經略使，見《元史》本傳，看來元代也使用這一敬稱。佑國寺碑刻於至元八年（一二七一），彼時正是元朝定都大都（今北京），定國號大元之際，但刻碑時仍用「中都」舊稱。然古時常稱正統王朝爲「大朝」，如宋初宰相范質上書宋太祖，稱「臣竊見河東物力軍勢，百倍不及大朝」，即以「大朝」指宋朝，又二〇一五年出土劉黑馬墓志，稱「大朝故宣差都總管萬户」云云，《高麗史·李藏用傳》有「大朝功德之盛」之言，皆指蒙古/元朝而言。

〔二〕 「禮到河南西平縣靈嵓寺講主爲師」句：張寫本作「禮到江南西平縣靈山品亨講主爲師……」，此處「江南」

應是「河南」誤抄，「靈山品亨」在河北本中作「靈(嵓)〔岩〕享」，在《乾隆通州志》和首圖本中作「靈〔岩〕〔嵓〕亨」。看來是張寫本將「嵓」字拆開了，但無論下一字是「亨」，還是「享」，似都不通。余以爲此字是「寺」字之誤，其或因碑文模糊錯抄，或是當初石刻誤雕，似應爲「禮到河南西平縣靈岩寺講主爲師」。但也有人認爲靈嵓亨是僧人名，或靈嵓是亨講主的别號。如此也説得通，存疑待考。經查閲，西平縣歷史上無靈岩寺，但有一座寶岩寺（寶嵓寺），始建於北宋，在明嘉靖年間、清光緒年間修葺過，現僅剩寶岩寺塔。因此寺名仍待考。

〔三〕〔莊嚴報土〕句：佛家追求往生的西方極樂世界有四種净土，其中實報莊嚴土和現實世界一樣，有花草樹木、山河大地，有佛、菩薩，還有普通人。在那裏自然界、植物、人都是永恒不變，長生不老。佛家構設出非現實的、超越世俗的一個空間概念——净土（佛土），成爲信教者的追求目標。宋王日休《龍舒增廣净土文》卷十一載《贊佛偈並回向發願文》云：願以此功德，莊嚴佛净土；上報四重恩，下濟三途苦。若有見聞者，悉發菩提心；盡此一報身，同生極樂國。

〔四〕〔翟慶泉刊〕句：《乾隆通州志·建置·佑國寺》此句後有按：「此就石刻繕出，字或有訛。」可見載録者知曉文字有所不通，衹是照抄而已。

〔五〕〔據石幢知寺亦久廢〕句：首圖本錯抄爲「據不幢知寺亦久廢」。

〔六〕〔志文雖難澀〕句：佑國寺的石幢由於年代久遠，其上的文字或是漫漶不清，或是刻字錯訛，因而有些詞句不易理解，編纂者也承認其「難澀」。

［七］「破鐘不語新苔蝕，古佛銷金野鴿肥」句：這是詩人看到的佑國甘泉寺景象。甘泉寺上次修繕是乾隆四十二年（一七七七），管庭芬吟此詩應是道光十年（一八三〇），相隔五十三年。前文雖未提甘泉寺是否仍有香火，衹是説把舊碑「今作石座重立於大殿之右」，但破敗是無疑的了。於是作者記述下如此情景：廟裏本應長鳴的大鐘破舊不響了，地上墻上都是新長的青苔；古佛像上塗金粉已剥落了，而院子裏落着肥肥的野鴿子。

［八］「曾説蕭家駐六飛」句：蕭家，即遼聖宗的母親蕭太后（景宗睿智皇后，名燕燕）。其實蕭太后是隨遼帝耶律隆緒駐蹕於此的，但詩中没有提耶律家，而是强調了蕭家，足見她的歷史作用對後世的影響。關於「六飛」，解釋爲皇家使用的馬車，駕六馬，其疾如飛，故名，後借喻指代皇權，詩中的「駐六飛」，應是指契丹帝王及貴族在此捺鉢行幸。據《遼史》記載，蕭太后和遼聖宗曾在延芳淀至少駐蹕六次，具體如下：（一）遼統和七年，是春，駐蹕延芳淀；（二）統和十二年正月，乙卯，幸延芳淀；（三）統和十三年正月，壬子，幸延芳淀；（四）統和十五年，正月庚午，幸延芳淀；（五）統和十八年，二月，幸延芳淀；（六）統和二十年春，正月庚子，如延芳淀。遼統和二十七年十二月，辛卯，皇太后崩於行宫。

［九］「長板橋頭好法龕」句：首圖本爲「長板橋頭好結龕」，「結」字應是「法」字錯抄。

［一〇］「爲慈聖太后發祥地」句：《日下舊聞考》載：「明慈聖太后生於漷縣之永樂店，事佛甚謹，宫中稱爲九蓮菩薩。

每歲十一月十九日爲其誕辰，百官率於午門前稱賀，長安百姓婦孺俱於佛寺進香祝釐。享天子奉養四十三年，古今太后稱全福者所未有也。」

［一一］「（輝）（耀）景咸熙」句：《日下舊聞考》引《明神宗實録》作「耀景咸熙」，乾隆、光緒《通州志》作「輝景咸熙」，張寫本、首圖本亦如此。

［一二］「聖母之德」句：《明史》對神宗之母李太后之德有詳細記載：孝定李太后，神宗生母也，漷縣人。侍穆宗於裕邸，隆慶元年三月封貴妃。生神宗。即位，上尊號曰慈聖皇太后。……太后教帝頗嚴。帝或不讀書，即召長使跪。每御講筵入，嘗令效講臣進講於前。遇朝期，五更至帝寢所，呼曰「帝起」，敕左右掖帝坐，取水盥面，挈之登輦以行。……帝嘗在西城曲宴被酒，令内侍歌新聲，辭不能，取劍擊之……翼日，太后聞，傳語（張）居正具疏切諫，令爲帝草罪己御札。又召帝長跪，數其過。帝涕泣請改乃已。……后性嚴明。萬曆初政，委任張居正。綜覈名實，幾於富强，后之力居多。光宗之未册立也……太后問故。帝曰：「彼都人（宫人）子也。」太后大怒曰：「爾亦都人子！」帝惶恐，伏地不敢起。太后亦由宫人進，故云。……御史曹學程以建言論死，太后憐其老母，言於帝，釋之。后父偉封武清伯，家人嘗有過，命中使出數之，而抵其家人於法。

［一三］「欲垂香火千秋祀，不見蓮花九朵分」句：《明史·諸王列傳五》載：「悼靈王慈焕，莊烈帝（崇禎帝）第五子。生五歲而病，帝視之，忽云：『九蓮菩薩言，帝待外戚薄，將盡殤諸子。』遂薨。九蓮菩薩者，神宗母，孝定

李太后也。太后好佛，宫中作九蓮座，故云。」此雖史書所言，但也未必真實。一語成讖，後人也會以此驗證朱明王朝滅亡的結局。不過這個皇子早夭也是好事，否則會死得很慘。

［一四］［華嚴歷劫繁華改］句：首圖本爲「嚴劫繁華改」，明顯缺字。

［一五］［距寺里許即后父李偉墓］句：張寫本作「距寺里許即后文李偉墓」，今據首圖本改。

［一六］［覺華寺……明真定公主建］句：《光緒通州志》爲「覺雲寺」，張寫本和首圖本、河北本爲「正定宫主建」。《日下舊聞考》録《漷縣志》「覺華寺在縣西十八里，明真定公主請敕賜額」，《明史》亦如此。張寫本等可能係因避諱改字。

［一七］［田□有龍興寺］句：張寫本和首圖本、河北本均爲「田有龍興寺」，《光緒通州志》爲「田陽」，因漷邑有東、西兩個田陽，故暫未改之。

［一八］［覓子店塔北有鎮海寺］句：張寫本的「塔者」係錯訛，今依首圖本、河北本改。

［一九］［敝廬數間僅蛢蠓］句：張寫本和首圖本、河北本均作「故廬」，今依《秋澗集》及《日下舊聞考》改。

［二〇］［佑民觀］句：《通州志》載：在張家灣，即天妃廟，舊名里二泗。佑民觀在村西，運河南岸爲道家觀院，俗名天妃廟，又稱娘娘廟，内供奉金花聖母。明萬曆十年，神宗生母慈聖太后李氏重修。

［二一］［在縣北十五里之里二泗］句：所謂「里二泗」，有説云：元代，白河、榆河、渾河及通惠河四水，在張家灣

東匯合後，流向漷縣境内，張家灣至漷縣段當時稱泗河。白河在張家灣附近分成里外兩段，裏二泗村正處裏股泗河岸邊，且水量比外泗河小，居第二，又因河岸早有觀廟，因此得名「裏二泗」，時間久了，就簡寫成「里二泗」（又有舊書稱「李二寺」）。

〔三二〕〔知縣艾友芝重建〕句：張寫本、首圖本均作「知縣艾友夏」，河北本作「知縣史友夏」，今據《通州志》等改。

## 橋梁

水南村橋，在縣南三十里。天津橋，在縣西北二十五里，元總管郭汝梅〔一〕建，今廢。今北門外白龍堤小橋僅存。

【註解】

〔一〕郭汝梅：元代漷陰縣于家里人，官至昭勇大將軍、中都路總管兼大興府尹。《志略·人物》有傳文。

## 坊表〔一〕

仙源毓慶坊，世（允）〔胤〕流光坊，俱在永樂店。明萬曆間爲慈聖太后父李偉〔二〕建，今已毁，惟坊柱四、石獅巍然尚存闤闠〔三〕中。外有翰林坊，爲岳正〔四〕立；大司寇坊，爲刑部尚書董方〔五〕立；（四）〔少〕宗伯坊，爲（刑）〔禮〕部侍郎李温〔六〕立〔一〕。皆不存。

**【註解】**

〔一〕坊表：坊，牌坊；表，這裏是表彰的意思。

〔二〕李偉：明神宗生母李太后之父，授爵位武清侯，萬曆十一年卒。《志略·逸事》有記載。

〔三〕闤闠：街市。

〔四〕岳正：明代漷人，字季方，正統年間進士及第，授編修。因得罪奸佞而受挫，後左遷興化知府。《志略·人物》有傳文。

〔五〕董方：明代漷人，字仲舉，進士出身，官至刑部尚書。《志略·人物》有傳文。

〔六〕李温：明代漷人，字景和，應景泰四年鄉試，登天順四年進士，選庶吉士，歷禮部左侍郎。

## 【校註札記】

〔一〕「少宗伯坊，爲禮部侍郎李温立」句：《乾隆通州志》載，少宗伯坊，而非四宗伯坊。在州南漷縣，是爲明禮部侍郎李温所建。《光緒通州志》載，李温「其律己謙和，居官清慎，有美政」。欽定四庫全書本《類博稿·附録》載，在明成化八年的一篇祭文中，祭祀岳正的官員裏有「禮部郎中李温」。《明史》無傳。首圖本與張寫本錯處相同。

# 古迹

長城。《通州志》云：國初，得唐〔李〕丕〔一〕墓志石於長城岡南，其《銘》曰：「（圪）〔屹〕然孤墳，長城之東。」可知長城自北綿亘而南。至唐時，長城西南遺址尚存也。其曰蒙恬〔二〕所築，則非是。考《昌平山水記》〔三〕云：濕餘河渡，渡南有長城遺迹。《遼史》：順州〔四〕南有齊長城，天保〔五〕時所築。今《漷縣》《武清》二志，俱載境内有古長城，疑昔聯絡爲一耳。今案，縣東北一里有城址，南抵武清，北接通州，俗稱長堤，或古城之故迹歟。

晾鷹臺。《方輿紀要》云：在漷縣西南二十五里，高數丈，周一頃。元時游獵多駐於此。舊志云，在（仁德）〔德仁〕務。遼主游獵駐輦〔六〕之所，今尚存土阜，高二丈餘。又有放鷹臺，志稱在縣西四里，亦遼主游獵之所，今不詳其處。

明董方《晾鷹臺》詩：蒼鷹已去不重回，金殿荒蕪盡緑苔。簫鼓聲（烟）〔湮〕惟鳥噪，羽林軍〔七〕散祇雲徊。晴川應識霓旌影，寒菊曾迎鳳（輩）〔輦〕開。彼日誰能歌《五子》〔八〕，至今殷鑑使人哀。

庭芬《登晾鷹臺》詩[一]附：(擦)〔捺〕鉢[九]猶是萬乘雄，海東青到獵秋風。漫天柳漲延芳淀，匝地[一〇]雲連駐蹕宮。大漠四垂關野色[二]，頭鵝一擊立奇功。於今不見呼鷹客，牧馬〔人〕來繫冷楓[三]。

呼鷹臺。《元史》：至大元年[一一]七月，築呼鷹臺於漷州澤中。發軍三千五百人助其役[四]。舊志不載。今相傳縣南五里倉上村有名鷹臺者，疑即其迹，而(則)〔澤〕久爲平陸矣。

棗林。《元史·順帝紀》云：至正十(五)〔八〕年[一二]三月[五]，毛貴[一三]犯漷州[六]，至棗林，樞密副使[一四]達國珍[一五]戰死，遂略[一六]柳林。《方輿紀要》云：棗林在縣西北。元致和元年[一七]，上都兵[一八]破通州，燕帖木兒[一九]與戰(平)〔於〕檀子山之棗林[七]，敗之。至正十八年，山東賊(田)〔毛〕貴攻漷州至棗林，敗元兵，遂略柳林，逼畿甸。檀子山或曰縣境小阜也。劉錫信[二〇]《考古録》云：遼東軍[二一]破通州，燕帖木兒引兵擊之，皆渡潞水走。《元史》言戰薊州[二二]之檀子山[八]，又云戰於檀子山之棗林。薊州爲遼東孔道[二三]，遼東軍敗，燕帖木兒追戰於此。漷縣在通州南，遼東〔軍〕未嘗至其地。以遼東軍爲上都兵，已屬《方輿紀要》之誤，又以薊之棗林爲漷之棗林，茲誤益甚矣[九]。況今漷縣亦無檀子山。考漷以棗林名其地者，在縣北十里。

柳林。在縣西北十七里。《方輿紀要》云：柳林在縣西[一〇]。元至元十八年，上如漷州，又（各）〔如〕柳林，以其地可游畋〔二四〕，建行宫〔二五〕於（北）〔此〕。今行宫之迹無考。

覓子店塔。未悉建始之原，在縣東南二十里。相傳塔下有泉通海，塔院僧欲募磚修塔鎮之。今塔廢，泉亦（沽）〔枯〕。

神潛〔二六〕故宫。舊志云：在縣西南二十五里，遼后妃從獵行宫，故址猶存。今土人誤呼其地爲神仙村。

石槽。凡三，在漷縣者一。元〔致〕和初，上都兵掠石槽，燕帖木兒遣（撤）〔撒〕敦〔二七〕擊敗之，即此。見《一統志》及《元史》。

獨秀園亭。在縣北二里，遼司徒郭世珍〔二八〕游息之所。又，崔氏園亭，在縣東南小安村，金崔禮〔二九〕隱居於此。今俱無考。

漷縣有古井四。舊志云：甘泉井，在學宫〔三〇〕西北，相傳遼蕭太后命鑿，其味甘（潔）〔冽〕，今如舊。（跓）〔駐〕蹕井，在佑國〔寺〕前，相傳大旱不竭，今漸湮塞。天宫井，在栲栳（岱）〔垈〕天宫寺，其地高聳若陵阜，井踞其巔，鑿淺而汲深，今存。三潮井，在北門外，龍神廟前，元初所鑿，今一方賴以司汲。

明（黄）〔董〕方《（跓）〔駐〕蹕井》詩：萬斛〔三一〕甘泉吐玉虹，金瓶繘汲雪花叢。瓊瑶分處家家月，韶鳳〔三二〕煎〔三三〕時陣陣風。千載餘波承輦轂〔三四〕，九秋寒（霧）

〔露?〕滴梧桐。清泠定有神（蛇）〔蛟〕宅〔三五〕，應作甘霖雨域中。

舊志載漷縣（人）〔八〕景〔一一〕。一、泮宫〔三六〕古槐，已（榷柯）〔摧朽〕；二、禪林寶塔，指佑國寺塔，已圮；三、白河漁舟，即東運河；四、春郊烟柳，即城外驛柳；五、（跓）〔駐〕蹕甘泉，即（跓）〔駐〕蹕井；（下）〔六〕、晾鷹舊臺，在（仁德）〔德仁〕務，餘迹尚存；七、長堤回燕；八、遠浦飛鴻後改爲遠浦歸帆，俱指城北。

明無名氏《白河漁舟》詩：「溶溶漾漾白河流，點點輕鷗水上浮。遥望孤燈明滅處，葦花斷岸一漁舟。」見《明詩綜》。

古纜舟鐵猫。在張家灣北門外，有古鐵猫七，皆粗於巨柱。重可數（十）〔千〕斤，高丈餘。中二者有大鐵環，餘僅存一孔。相傳唐時故物，歷久晶瑩如新。土人云有神司之，俱不敢犯。旁有佛宇，俗呼爲鐵猫寺〔一二〕。

庭芬《張家灣古鐵猫歌》附：「金星流□如旭日〔一三〕，墮地化爲頑鐵七。何年鼓鑄成巨猫？拋擲荒原土花蝕。雨零日炙〔三七〕黝爲（然）蒼，應有精靈守其旁。不作鐵柱鎮蛟蜃〔三八〕，抱才未遇誰其航？敧〔三九〕斜角立各盈丈，卻爲佛家繫龍象〔四〇〕。旁有佛宇。銅山西傾洛鐘鳴〔四一〕，試爲一扣鐘亦響。相傳唐征高句驪〔四二〕，欲從直沽窺藩籬〔四三〕。后來改道不復用，貞觀〔四四〕款識誰能稽〔四五〕？又傳蒙古利海運，大艦峩峩〔四六〕轉諸郡。北門〔四七〕夜啓首鼠〔四八〕奔〔一四〕，此猫免銷作兵刄。歷翻史志皆無實，或者闕疑或者逸。寒雲漠漠風蕭蕭，積鐵無言難絮詰。至今久棄城墻下，遇客摩挲趁閒暇。休將金馬〔四九〕比清高，竟作銅駝〔五〇〕共驚詫〔一五〕。我來吟詩示老衲〔五一〕，鐵環鏗然〔五二〕似相答。何時齊變蟄龍〔五三〕飛，好與延津〔五四〕雙劍合〔五五〕。」

## 【註　解】

〔一〕李丕：唐代隴西人，曾任潞縣丞、莫州（今河北保定一帶）長豐縣令。貞元三年（七八七）卒於幽州潞縣。

〔二〕蒙恬：秦始皇時期的著名將領。生卒約前二五九至前二一〇年，祖籍齊國（今山東蒙陰縣）人。秦二世胡亥即位後，賜死蒙氏兄弟，蒙恬吞藥自殺。

〔三〕《昌平山水記》：清顧炎武撰，二卷本。明朝昌平州領順義、密雲、懷柔三縣，該書上卷記述明十三陵的地理位置、陵寢規制、昌平山河、城鎮關隘、名勝古迹等；下卷記述順義、密雲、懷柔三縣建置沿革、山川城隘、古迹名勝等。

〔四〕順州：即今北京順義。遼會同元年（九三八）入遼，先後隸屬南京幽都府、燕京析津府。

〔五〕天保：北齊文宣帝高洋的年號，即五五〇至五五九年。

〔六〕駐輦：指帝王出行，中途停車。帝王所乘之車謂之輦。

〔七〕羽林軍：即御林軍，帝王衛軍的名稱。

〔八〕《五子》：《尚書·夏書》有《五子之歌》，相傳係夏王太康的五個兄弟抨击太康之作。《楚辭·離騷》載：「啓九辯與九歌兮，夏康娱以自縱。不顧難以圖後兮，五子用失乎家巷。」喻指帝王放縱誤國。

〔九〕捺鉢：契丹語「行在」的意思，即皇帝出行所在之地。據《遼史·營衛志》載：「遼國盡有大漠，浸包長城之境，因宜爲治，秋冬違寒，春夏避暑，随水草就畋漁，歲以爲常。四時各有行在之所，謂之捺鉢。」

〔一〇〕匝地：遍地。匝，這裏是環繞的意思。

〔一一〕至大元年：即一三〇八年。至大，元武宗海山的年號。

〔一二〕至正十八年：即一三五八年。至正，元惠宗妥懽帖睦爾的年號。

〔一三〕毛貴：山東茌平人，元末紅巾軍劉福通部將領。

〔一四〕樞密副使：官名，樞密院副長官。唐代始置樞密院，元代的樞密院主掌軍事機密，邊防及宫廷禁衛等事。

〔一五〕達國珍：元朝官吏。順帝時，任樞密副使。至正十八年，紅巾軍將領毛貴犯漷州棗林，與戰而死。

〔一六〕略：這裏是掠奪、奪取的意思。

〔一七〕致和元年：即一三二八年。致和，元泰定帝也孫鐵木兒的年號。

〔一八〕上都兵：元致和元年七月，泰定帝死於上都，在上都的宗室及諸臣欲立太子繼位，而執掌樞密院、留守大都的燕帖木兒卻意圖另立，於是上都發兵討伐燕帖木兒。上都兵一度逼近大都，曾在通州東南的棗林一帶與燕帖木兒兵馬激戰，最終失敗。

〔一九〕燕帖木兒：《元史》作「燕鐵木兒」，欽察人，功臣土土哈孫。初爲元武宗宿衛，後拜正奉大夫、同知宣徽院事等職。致和元年，進僉書樞密院事。三月，泰定帝赴上都，燕帖木兒留在大都掌管宿衛軍。七月，帝崩於上都，燕帖木兒憑借掌握的大都兵權，欲擁立武宗子繼位，與在上都宗室、諸臣發生衝突，爆發「兩都之戰」。後上都軍敗，燕帖木兒擁立文宗爲帝，他以功任中書右丞相兼知樞密院事，封太平王。

〔二〇〕劉錫信：字桐村，清代通州人，青年時博覽群書，深通歷史，學問頗高深。乾隆三十年（一七六五）考中舉人，曾在山東省即墨任知縣，後升任户部湖廣司員外郎。著有《潞城考古録》三卷，康熙版《通州志》多予采用書中資料。

〔二一〕遼東軍：上都諸王也先帖木兒、平章禿滿迭兒所率的軍隊。元致和元年九月，在「兩都之戰」中，遼東軍突破山海關，進逼薊州。在與燕帖木兒部幾次交戰後潰散、敗走。

〔二二〕薊州：古稱漁陽，唐代置薊州。元代改隸大都路，領漁陽、平谷、豐潤、玉田、遵化五縣。明代漁陽縣省入薊州，清代隸順天府，民國初改縣，隸屬河北省。

〔二三〕孔道：通往某處必經的關口；大道，大路。

〔二四〕畋：打獵。

〔二五〕行宮：古代帝王出行所居宮室，又指帝王出京後臨時寓所。

〔二六〕神潛：即神潛宮，遼代皇室成員行獵居住地。

〔二七〕撒敦：燕帖木兒弟。元泰定帝死後，奉燕帖木兒命率軍迎戰上都軍，敗之。至順四年（一三三三），順帝即位，陞左丞相，封榮王。至元元年（一三三五）死。

〔二八〕郭世珍：漷陰人，遼景宗時爲太尉、司徒，《遼史》無傳。

〔二九〕崔禮：金代漷人，曾任四鄉學諭（學校職事名），其他不詳。

〔三〇〕學宫：即學校，學習的地方。

〔三一〕斛：量具，十斗（後改爲五斗）爲一斛。

〔三二〕韶鳳：即韶樂，屬王室樂曲。

〔三三〕煎：這裏是緊迫、急迫的意思。

〔三四〕輦轂：皇帝的車輿。

〔三五〕宅：這裏當是動詞，居住的意思。

〔三六〕泮宫：指學宫。

〔三七〕炙：烤。

〔三八〕蛟蜃：蛟和蜃都是傳説中海裏的巨大怪物。

〔三九〕攲：亦作攲，傾斜、歪斜的意思。

〔四〇〕龍象：出自佛經，謂水行中龍力大，陸行中象力大。

〔四一〕銅山西傾洛鐘鳴：成語有「銅山西崩，洛鐘東應」，出自《世説新語》，比喻同類事物相互感應。

〔四二〕高句驪：古代曾在我國東北地區和朝鮮半島上存在的一個民族政權。

〔四三〕藩籬：原義是竹木編成的籬笆或栅欄，這裏指邊界、境界。

〔四四〕貞觀：唐太宗李世民的年號。

〔四五〕稽：這裏是考證、考核的意思。

〔四六〕峩：即峨，高的意思。

〔四七〕北門：這裏指元大都的健德門。

〔四八〕首鼠：亦作「首施」，遲疑不決的意思。

〔四九〕金馬：用金子制的馬模型。據《漢書》載，漢武帝派使臣帶金馬到西域求購良馬。

〔五〇〕銅駝：成語有「銅駝荆棘」。宫門外銅鑄的駱駝没於荆棘之中，形容國土淪陷後的殘景。

〔五一〕老衲：出家人的謙稱。

〔五二〕鏗然：聲音響亮有力。

〔五三〕蟄龍：蟄伏的龍，比喻隱匿的志士仁人。

〔五四〕延津：即延平津口，古代津渡口，晋時屬延平縣（今福建南平）。

〔五五〕雙劍合：出自成語「延津劍合」。《晋書·張華傳》載龍泉、太阿兩劍在延平津會合的故事，後比喻因緣會合。

## 【校註札記】

［一］［庭芬《登晾鷹臺》詩］句：根據史書的記載，遼金元時期北京的南部和東南曾有廣袤的湖泊沼澤，樹茂草豐，因而受到皇家的青睞。金時「大興有建春宮」；元朝「冬春之交，天子或親幸近郊，縱鷹隼搏擊，以爲猶豫之度，謂之飛放」。契丹更是四季各有捺鉢之所，漷陰的延芳淀就是游獵的理想場地。管庭芬的這首詩描述了捺鉢的四季景致。其中「漫天柳漲延芳淀，匝地雲連駐蹕宮」，是説冬春之交，延芳淀周邊繁茂的柳樹吐芽了，柳絮隨着嫩葉冒了出來，飄落到地，陣陣春風把柳絮刮到了湖上，刮到行宮周圍，就像一團團天上的白雲似的，鋪滿了水面和大地。

［二］［大漠四垂闢野色］句：首圖本此句爲「大漠四垂開野色」，從全句看，「闢」似乎更合適。

［三］［牧馬人來繫冷楓］句：張寫本此句脱漏「人」字，今依照首圖本補。

［四］［發軍三千五百人助其役］句：《元史・武宗紀》載：「至大元年秋七月，築呼鷹臺於漷州澤中，發軍千五百人助其役。」張寫本、首圖本所載發軍人數一致，與史書記載不同，未改。

［五］［《元史・順帝紀》云：至正十八年三月］句：張寫本此處原作「至正十五年」，應是「十八年」。此錯出自《乾隆通州志》，管庭芬編纂時未作核對，首圖本亦錯爲「十五年」。

［六］［毛貴犯漷州］句：據《元史・順帝紀》記載，元至正十七年二月，劉福通遣其黨毛貴陷膠州。三月，毛貴陷萊州、

益都路、濱州，四月陷莒州。六月，劉福通犯汴梁，其軍分三道，毛貴據山東，其勢大振。元朝官吏言，山東之寇有窺伺燕趙之志。八月，劉福通陷大名府。十八年二月，毛貴陷清、滄二州，後陷濟南路。三月，毛貴陷般陽路後又陷薊州，犯漷州，至棗林。樞密副使達國珍戰死，遂略柳林。同知樞密院事劉哈剌不花以兵擊敗之，毛貴走據濟南。

［七］［燕帖木兒與戰於檀子山之棗林］句：據《元史》載，致和元年三月，泰定帝赴上都，燕帖木兒留在大都掌管宿衛軍。七月，帝崩於上都，燕帖木兒憑借掌握的大都兵權，欲擁立武宗子繼位，與在上都的宗室、諸臣發生衝突，爆發「兩都之戰」。後上都軍敗，燕帖木兒擁立文宗爲帝，他以功任中書右丞相兼知樞密院事，封太平王（「兩都之戰」解釋見後）。

［八］［《元史》言戰薊州之檀子山］句：首圖本此句爲「《元史》明言戰薊州爲遼東孔道」，顯有脱漏，張寫本準確。

［九］［以遼東軍爲上都兵，已屬《方輿紀要》之誤，又以薊之棗林爲漷之棗林，兹誤益甚矣］句：這裏有誤處二。其一，在「兩都之戰」中，燕帖木兒及同伙與上都軍、遼東軍都曾交戰，而且地點都是元大都（今北京）東南一帶。《元史·文宗紀》記載，致和元年九月，燕帖木兒與上都軍大戰白浮之野（即通州地界）……同知樞密院事脱脱木兒與遼東軍戰薊州之檀子山。其二，十月，燕帖木兒與遼東軍又戰於檀子山的棗林。薊州爲遼東孔道，遼東軍敗，追戰於此。漷縣在通州南，遼東軍未嘗至其地，此處也没有檀子山。故言：「又以薊之棗林爲漷之棗林，兹誤益甚矣。」

〔一〇〕 「柳林在縣西」句：首圖本此句爲「柳林在縣南」。

〔一一〕 「漷縣八景」句：《乾隆通州志》載州南漷縣八景：一、泮宮古槐，指學内古槐，今槐已枯廢。二、禪林寶塔，指佑國寺内塔，今塔圮。三、白河漁舟，指漷東運河。四、春郊烟柳，指漷城外，今堤（工）〔上〕植柳甚茂。五、駐蹕甘泉，指駐蹕井，今井廢。六、晾鷹舊臺，指德仁務晾鷹臺，今遺址尚存。七、長堤回燕，指漷城北。八、遠浦飛鴻，指漷城外。

〔一二〕 「旁有佛宇，俗呼爲鐵猫寺」句：《乾隆通州志·建置·壇廟祠宇》記載：「鐵牛寺，舊在州張家灣北門外北，久廢。」一些現代資料記録了通州關於鐵錨寺的一些傳説，與張寫本有异。

鐵錨寺，相傳在張家灣城北門外，七百年前在此建一座寺廟，很有名氣，是元代郭守敬修通惠河以後的事，稱「五行寺」，明朝萬曆三十一年（一六〇三）重修。據説寺内供奉的是一頭鐵鑄犍牛，俗稱「鐵牛寺」。由於漕運行舟在水裏，軍士、漕丁、役夫們迷信鐵牛鎮水，便選在通惠河與潞河交匯處，建「五行寺」，鑄鐵牛而拜之，請求鎮壓水患，保佑船隻船夫。明代成化年間，通州重修燃燈佛舍利塔，傳言州城如船形漂浮海上，燃燈古塔是桅杆，張家灣北面通惠河是纜繩，河邊的鐵牛寺就是穩船的大鐵錨。於是爲求平安將鐵牛熔化，改鑄一隻巨型鐵錨供奉於寺，寺名因此成了鐵錨寺。鐵錨寺坐西朝東，面對通惠舊河，寺院正殿内供巨大鐵錨，高一米八左右，重約一噸，别無神像，過往官船、客船，漕船商旅行至寺前，無不恭拜鐵錨，祈禱一路平安或感謝一路順風。

《乾隆通州志》載，此寺已圮廢。張寫本云：「在張家灣北門外，有古鐵猫七，皆粗於巨柱。重可數（十）〔千〕斤，高丈餘。」可見在道光年間還有鐵錨，衹不過數量有异。（從史志舊書中看，「鐵錨」也寫作「鐵猫」。）

〔一三〕〔金星流□如旭日〕：首圖本作「金星流光如旭日」，疑而未改。

〔一四〕〔北門夜啓首鼠奔〕句：據《元史·順帝紀》載：「元至正二十八年（一三六八），閏七月，甲子，明軍攻至通州，知樞密院事卜顔帖木兒力戰，被擒死之。左丞相失列門傳旨，令太常禮儀院使阿魯渾等，奉太廟列室神主與太子北行……詔淮王帖木兒不花監國，慶童爲中樞左丞相，同守京城。丙寅，帝（元順帝）御清寧殿，集三宫后妃、皇太子、皇太子妃，同議避兵北行，失列門等人諫不可行，不聽。……至夜半，開健德門北奔。八月庚午，大明兵入京城，國亡。」

〔一五〕〔休將金馬比清高，竟作銅駝共驚詫〕句：金馬，用來求購被譽爲血汗寶馬的大宛馬；銅駝，則倒卧在殘破宫門荆棘中無人問津。在此詩句中，作者用金馬與銅駝影射了鐵錨的命運：想當初它是大唐威武戰艦的組成部分，如今被棄於河岸邊……此詩作者似乎不了解鐵錨寺的來龍去脉，或是憑傳説和想象構思了詩句。也可能是借鐵錨從「金馬」到「銅駝」的經歷，暗喻當時清末社會發展的前景？

# 學　校

漷縣自歸併通州之後，學校猶存。春秋丁祭〔一〕，漷士以學田所入充之，州判及通州訓導主祭，諸生仍執禮其間。考舊志稱，漷學明以前在河西務，洪武四年〔二〕始遷城内西北隅，州同知楊思賢〔三〕建。萬曆三十七年〔四〕，慈聖太后以漷爲發祥地，給内帑改建，規模大備。明末漸圮。國朝康熙十八年〔五〕，地震隤廢〔六〕無存。諸生曹見龍〔七〕等倡議捐建，今復荒凉矣。學中碑碣之古者，惟金党懷英〔八〕篆書「杏壇」〔九〕二字，已卧城根積水中。道光十一年春，余命役重樹殿廡〔一〇〕〔一一〕。

學中鄉賢、節孝等祠，皆併入通州學，惟大門外建一厦，以祀明岳文肅公，額曰「先覺名賢」〔二〕。每歲丁祭日附祀之。

每學使〔一一〕科歲試〔一二〕諸生〔一三〕，撥漷縣例四名，如遇廣額，加一名。在通州學（學）十三名内撥。

## 【註　解】

〔一〕丁祭：又稱祭丁，禮制名，爲祭孔之禮，在每年二、八月的第一個丁日舉行。

〔二〕洪武四年：即一三七一年。

〔三〕楊思賢：浙江錢塘人，明洪武初年任滹州同知。

〔四〕萬曆三十七年：即一六〇九年。

〔五〕康熙十八年：即一六七九年。康熙，清聖祖玄燁年號。

〔六〕隤廢：這裏是墜落、倒塌的意思。

〔七〕曹見龍：不詳。

〔八〕党懷英：陝西馮翊人。金朝文學家、書法家、史學家。擅文，工畫篆籀，爲當時第一，是金代文壇領袖。

〔九〕杏壇：爲紀念孔子講學而建，這裏指官學。

〔一〇〕殿廡：廡，高堂周邊的廂房、廊房。這裏指正房邊上的廂房。

〔一一〕學使：學政的別稱。學政主管一省教育、科考諸事宜，一般是由皇帝親自委任指派的官員。

〔一二〕科歲試：歲試、科試是科舉考試制度之一。在清代，各省學政上任後第一年舉行歲試，第二年舉行科試。對交通不便的偏遠之地，學政會臨時先歲試、後科試，兩試接連舉行。

〔一三〕諸生：古代經考試録取進入中央、府、州、縣各級學校（包括太學生）的各種生員，統稱諸生。

## 【校註札記】

［一］［余命役重樹殿廡］句：「余命役」三字作爲志書應删除。另，此句疑管嗣許所加。

［二］［以祀明岳文肅公，額曰「先覺名賢」］句：岳正是漷人中出類拔萃的人物，口碑很好，故而學宫中專設一室祀之。從而可以看出那個時代對學生的人格教育還是很看重的。岳正剛直不阿，敢於直言，屢受打擊而不氣餒，連皇帝都説：「岳正倒好，衹是大膽。」因而成爲漷之學子榜樣，以「先覺名賢」歲祀。

# 冢墓

畫（省）〔眉〕郎墓。舊志云：在縣南五里，相傳爲漢京兆張敞〔一〕墓。考漢宣帝〔二〕時，敞爲冀州刺史〔三〕，居部歲餘，善治盜賊。或卒後即葬於此。然土人僅稱曰「畫眉墳」，豈以畫眉爲京兆故事，即以爲名耶？（有）〔存〕疑可也。

明徐渭〔四〕《畫眉郎墓》詩：春山秋水自天然，何用青煤拂柳烟。一種風流千古（逈）〔迴〕，坐令天子破讒言。

陳文述〔五〕《咏漷縣畫眉冢》詩：春柳千行碧，春山一抹（句）〔匀〕。遥憐畫眉冢，曾葬畫眉人。見《頤道堂詩集》。

唐靳英希〔六〕墓。葉奕苞〔七〕《金石録補》之《靳英希志銘》：（石）〔右〕碑於崇禎末年〔八〕出漷縣之錠子村寺中，碑下有瓦杯三，其色（色）如秋山，著雨有作純碧色，光浮瀲灧〔九〕。杯中各有紅點如桃花，藏於孫氏之婿，而石歸研山齋〔一〇〕中。《金石文字記》〔一一〕云：志銘，張遇〔一二〕撰並行書，貞元十七年〔一三〕二月立。

唐李丕墓〔一三〕。在城北白龍堤，未詳其官閥，今不存。

金郭府尹墓。舊志云：名汝梅，墓在縣東北二里，元至元三年〔一四〕，翰林學士王（諤）〔鶚〕〔一五〕撰神道碑。今則翁仲〔一六〕猶存，而豐碑無迹，並馬鬣〔一七〕亦失其處。

元崔平章〔一八〕墓。舊志云：在縣南二十里，崔〔失〕其名，墓亦無考。

元脱脱〔一九〕丞相墓。舊志云：在縣西南八里，古村之南。案《元史》，名脱脱凡十有五，其最著者，一成宗〔二〇〕朝江浙平章；一武宗〔二一〕朝左丞相；一修史之脱脱，順帝〔二二〕時右丞相，竄〔二三〕置雲南，矯詔〔二四〕鴆〔二五〕死。未知所葬者何人，今墓亦無考。

明岳文肅公墓。在縣西南二十里堅村《漷田志》作尖村。文肅事詳《明史》本傳，墓存。

明李莊簡墓。在永樂店，李名偉，慈聖太后父。今則石馬如新，而墓已榛蕪〔二六〕矣。

大學士〔二七〕申時行〔二八〕所撰神道〔二九〕碑亦泐〔三〇〕。

（得）〔德〕仁務古冢。舊志云：在暸鷹臺東二里，有三大冢相望，高數丈。其西北一岡隆起，上陷一洞，極深邃。昔有土人曾以燭入，行里許，見大（公瓦）〔瓮〕貯油，一燈熒然，什物俱備。擲之以礫，即有聲，金（鏃）〔鏃〕四發。其人懼而止。意必遼金諸王、貴人之墓。

## 【註　解】

〔一〕張敞：西漢河東平陽（今山西臨汾）人，字子高，漢宣帝時官至京兆尹。相傳他與夫人感情很好，每日上朝前先爲夫人畫眉，此事常爲後人所津津樂道。

〔二〕漢宣帝：名劉詢，漢武帝劉徹的曾孫。漢元平元年（前七四）繼位，漢黃龍元年（前四九）歿，終年四十三歲，謚號孝宣皇帝。

〔三〕冀州刺史：冀州是西漢十三大行政區之一，又稱冀州刺史部。冀州所督轄的郡國有十個，轄縣、侯國有一百二十九個，轄區相當於今河北中南部、山東西部、河南北部地區。刺史即部刺史，漢武帝時期設置，是由皇帝派往各州的監察官員。

〔四〕徐渭：明紹興府山陰（今浙江紹興）人，字文長，明代著名的文學家、書畫家、戲曲家。

〔五〕陳文述：清錢塘（今浙江杭州）人，字譜香、雋甫等，嘉慶時舉人，官昭文、全椒等知縣。著有《碧城詩館詩鈔》《頤道堂集》等。

〔六〕靳英希：不詳。

〔七〕葉奕苞：江蘇昆山人，字九來，清初藏書家、金石學家。葉尤酷嗜好金石，仿北宋趙明誠《金石録》，作《金石録補》廿七卷。

〔八〕崇禎末年：即崇禎十七年，一六四四年。

〔九〕瀲灩：水波相連的樣子。

〔一〇〕研山齋：指清孫承澤撰《研山齋珍賞歷代名賢墨迹集覽》。

〔一一〕《金石文字記》：清顧炎武撰，六卷，該書輯録傳世碑銘文字，記録了其源起、傳承及作者的考據。時間從商代開始，至唐碑止。

〔一二〕張遇：不詳。

〔一三〕貞元十七年：即八〇一年。貞元，唐德宗李适的年號。

〔一四〕至元三年：即一二六六年。

〔一五〕王鶚：字百一，曹州東明人。元朝翰林學士，歷任歸德府判官、尚書省右司都事等職。

〔一六〕翁仲：這裏指陵墓前及神道兩側的文武官員石像。

〔一七〕馬鬣：這裏指墳墓。因墳地封土形狀有如馬鬃，故名。

〔一八〕平章：元代官名，行中書省長官，全稱「平章政事」。

〔一九〕脱脱：亦作脱脱帖木兒，元末政治家、軍事家，官至中書右丞相，曾主持纂修《遼史》《宋史》和《金史》。

〔二〇〕成宗：元世祖之孫，名鐵穆耳。至元三十一年（一二四九）即位，大德十一年（一三〇七）殁，在位十四年。

〔二一〕武宗：成宗之兄的長子，名海山。大德十一年即位，至大四年（一三一一）殁，在位四年。

〔二二〕順帝：元朝最後一個皇帝，武宗長孫，名妥懽帖睦爾。至順四年（一三三三）即位，至正二十八年（一三六八）退出北京。

〔二三〕竄：這裏是放逐的意思。

〔二四〕矯詔：假托或假傳的皇帝詔書，或者篡改皇帝的詔令。

〔二五〕鴆：這裏是用毒酒害人之義。

〔二六〕榛蕪：草木叢雜，形容荒凉的景象。

〔二七〕大學士：即内閣大學士。明太祖時設，始無實權，屬秘書之職，後權力逐漸擴大。内閣大學士是有大學士頭銜且身在内閣的官員，共分六個級别。

〔二八〕申時行：明代大臣。字汝默，蘇州府長州（今江蘇蘇州）人。嘉靖四十一年（一五六二）獲狀元，歷任翰林院修撰、禮部右侍郎、吏部右侍郎、太子太師、中極殿大學士等。

〔二九〕神道：這裏指通向陵墓的道路。

〔三〇〕泐：石頭被水衝擊出了紋理。

## 【校註札記】

〔一〕［唐李丕墓］句：關於李丕，《志略》稱「未詳其官閥」。其實出土的《李丕墓志銘》記載了他的生平，包括任職情况。清乾隆年間，有人在漷邑郊野農田發現刻有文字一石，經辨認系唐代貞元年間的墓志銘，墓主人是唐長豐縣令李丕。墓志曰：「唐貞元三祀五月，故長豐宰李君丕卒於幽州潞縣……公隴西人也，世襲軒裳，地清才幹……公灑然深心，報義育德，士林咸器重之。乃昌言薦於元戎，遂徵辟爲潞縣丞……後墨綬長豐……俄改任莫州司法參軍。」

通州舉人劉錫信撰《得唐長豐令李丕墓志銘記》云：「今因此石得以知千年以上之長吏，而李君之名亦賴是以傳，允堪爲文獻之一徵矣。」「李公官雖不達，其行事亦不概見史傳，然唐人以門閥相高，隴西、河東皆當時名族，則亦可想見其人矣。」

《李丕墓志》文留下可考之千年史料，殊爲可貴，然其銘更令人感慨。銘曰：「屹然孤墳，長城之東。死生永隔，天地不同。吁嗟英靈，窮泉之中。悄悄原野，旦暮悲風！」

# 人物

後漢（陰）〔陽〕球〔一〕。字方正，漁陽泉州人。漷本泉州故址。《後漢書・酷吏傳》云：球性嚴厲，好申韓〔一〕之學。初舉孝廉〔二〕，補尚書侍郎〔三〕。其章奏處議，常爲臺閣〔四〕〔所〕崇信，歷遷至尚書令〔五〕。時中常侍〔六〕王甫〔七〕、曹節〔八〕等姦虐弄權，煽動内外。球（常）〔嘗〕（附）〔拊〕髀〔九〕發憤曰：若（陰）〔陽〕球作司隸〔一〇〕，此曹子安得容乎？光和二年〔一一〕，遷司隸校尉，〔奏〕收甫父子及（大）〔太〕尉〔一二〕段（煩）〔熲〕〔一三〕等〔二〕，送洛陽獄。球自按驗甫父子，悉死杖下。（欸）〔熲〕亦自殺〔三〕。乃僵磔〔一四〕甫尸於夏城門，大署榜曰：賊臣王甫。後帝從曹節言，徙球爲衛尉〔一五〕，終以節誣收送洛陽獄〔四〕，誅死。

遼郭世珍。漷陰人，景帝〔一六〕時爲（大）〔太〕尉、司徒〔一七〕。統和（文）〔六〕年〔一八〕，承天太后〔一九〕侵宋，俘獲甚衆。師次〔二〇〕范陽〔二一〕，世珍言降卒皆有父母妻子，不無懷土之情，驅而之北，終不爲用，願放歸鄉國。太后（加）〔嘉〕納之，縱者數萬人。

金馬諷。字良弼，漷陰人。《金史》云：金初以燕與宋，諷游學汴梁〔二二〕，登宋宣和六年〔二三〕進士〔二四〕。宗翰〔二五〕克汴京，復登進士，調蔚州〔二六〕廣靈〔二七〕丞，遷雄州歸信〔二八〕令。［境］有河曰八尺口〔五〕，每秋潦漲溢，害民田。諷疏決之，患遂息。天德〔二九〕初，官寧州〔三〇〕刺史。民有告謀不軌者，諷察其誣，衆感泣，活者數百人。歷大理卿〔三一〕、刑部尚書〔三二〕，改忠順軍節度使〔三三〕。致（士）［仕］〔三四〕，卒。

金張亨，字彦通，灤陰人。登皇統六年〔三五〕進士，調（樊）［礬］山〔三六〕丞。以廉幹聞，授（宏）［弘］州〔三七〕軍事判官〔三八〕。累遷尚書左司郎中〔三九〕，擢〔四〇〕中都路〔四一〕轉運使〔四二〕。以事被劾，起授户部〔四三〕尚書。世宗〔四四〕問宰臣曰：御史中丞〔四五〕馬惠迪與張亨，人才孰優？平章政事張汝霖〔四六〕以亨吏才極高對。時車駕東巡，欲輦錢〔四七〕以支費用。亨謂上京〔四八〕距都四千里，若挽錢（以）［而］行，是率三致一也，請行會（子）便法〔四九〕〔六〕，息轉輸之勞而用自足。章宗〔五〇〕初，爲河東南北路〔五一〕提刑使〔五二〕，兼勸農采訪使〔五三〕。察利病十三事以聞，上（加）［嘉］納之。後左遷，以［知］歸德府〔五四〕事致仕。泰和二年〔五五〕卒，年七十八。

金馬惠迪，字吉甫，灤陰人。登天德三年〔五六〕進士，調昌邑〔五七〕令。察廉能第一，補尚書省〔五八〕令史〔五九〕。大定〔六〇〕中，爲西京〔六一〕留守判官，累遷左司郎中。世宗愛其明敏，嘗謂宰臣曰：人之聰明多失於浮炫〔六二〕，若惠迪聰明而樸實，甚可嘉也。嘗諫討烏底改〔六三〕，曰：得其人不可用，（得）〔有〕其（得）〔地〕不可居〔七〕，恐不足勞聖慮。後爲昭義軍節度使，歷南京〔六四〕留守。致仕，卒。

金崔禮，漷陰人，仕金爲四鄉（葉）〔學〕諭〔六五〕〔八〕。金亡，隱居小安村，構園亭，植花木，閉户自娱。元丞相兀都臺〔六六〕及帖古迭兒〔六七〕嘉其高節，數過訪，復以金鐘、駟馬聘之，終不出。

元郭汝梅，字和卿。金貞祐〔六八〕初，漷城陷。汝梅年七（年）〔歲〕，父母携渡灤河，力不能負，欲棄之。〔遇〕赤犢，乘渡得免。年十八，民公舉攝行縣事。耶律丞相〔六九〕知其才，奏充燕京〔七〇〕都税司〔七一〕。漷陰地窪，屢被水患。汝梅出家貲立新莊七所於高敞地，分處里人。給貧者牛、種，不責償。創新河天津橋，以濟行旅。鄉人咸感其德。後進昭勇將軍，總管中都路。中統五年〔七二〕卒，王（謂）〔鶚〕撰墓碑。

明董方，字仲（舉）〔矩〕，漷人。〔九〕登正統十年〔七三〕進士，試政兵部〔七四〕，擢大理寺（寺）正〔七五〕，能雪冤抑〔一〇〕。有巨室被盗，東阿民蔣杰與盗遇，遂株及。刑官弗能辨，考（諒）〔掠〕誣服。方廉得其實，釋之。錦衣〔七六〕旗軍鉄（聖）〔堅〕、百户薛海鬭傷腦，奪其理髮簪。僉〔事〕〔七七〕擬白晝奪財傷人者死。方謂事起（分心）〔忿〕争，非造意劫奪，遂從輕典。金吾衛〔七八〕卒〔領〕大内官銅出，道中竊銅（版）〔板〕尺餘，邏卒執之。有〔司〕擬盗内庫物律斬。方謂物既領出，非潛入内庫者比，得減死。景泰〔七九〕間，奉命山西録（因）〔囚〕。太原民白政讐殺王選，〔事覺。政誣選妻與己私，同謀殺夫，獄成。方謂彼夫婦三十餘年，舉子〕十數人，何至是〔一一〕？盡拘鄰里證驗，政具服。選妻得釋。如此類者不一。天順〔八〇〕間，曹欽〔八一〕謀逆，方趣軍士救護，賊平，擢本寺右少卿〔八二〕，歷遷刑部尚書〔一二〕。乞休，卒。年六十有八，贈太子少保〔八三〕，謚襄毅。

明岳正，字季方，號蒙（爾）〔泉〕，漷人。正統十三年〔八四〕會試第一，賜進士及第，授編修〔八五〕。嘗夜草疏，請復恭讓（左）〔后〕〔八六〕位〔一三〕。兄端見之，驚曰：奈老母何！奪稿而止。天順初，改修撰〔八七〕，時薛瑄〔八八〕致仕，帝〔八九〕謀代者。王翺〔九〇〕以正薦，遂召見文華殿〔九一〕。奏對稱旨，用入内閣。後因石亨〔九二〕、張（軌）〔軏〕〔九三〕等譖〔九四〕，仍命以原官入閣。欽天監〔九五〕侍郎〔九六〕湯序〔九七〕者，亨黨也。嘗奏災異，請盡去姦臣。〔帝問正，正言姦臣〕無指名即求之〔一四〕，人人自危。且序術淺，何足（言）〔信〕也。帝乃止。或有匿名書列曹吉祥〔九八〕罪狀。吉祥怒，請帝出榜購之。帝使正撰榜格，正曰：爲政有體，盗賊責兵部，姦（究）〔宄〕責法司，豈有天子出榜購募者？帝是其言。亨從子鎮大同，獻捷。使者言捕斬無算，不能悉致，皆梟置林木間。正取地圖指詰曰：某地至某地，皆沙漠，梟於何所？其人語塞。時石亨、曹吉祥恣甚，帝頗厭之。正勸吉祥辭兵（析）〔柄〕，諷〔九九〕亨斂戢〔一〇〇〕。吉祥見帝，免冠泣請死。帝内愧，慰諭之，召正責漏言。會〔承〕天門〔一〇一〕災，正極言亨將爲不軌，且言陳汝言〔一〇二〕、盧彬〔一〇三〕小人狀，帝皆不納。命正草責躬詔，語極切直，多中姦幸，舉朝傳誦〔一五〕。而亨、吉祥構蜚語，謂正（責）〔賣〕直〔一〇四〕謗訕。帝怒，謫正廣東欽州〔一〇五〕同知。道〔一〇六〕滁，以母老留旬日。陳汝言令巡校言狀，且言正嘗奪公主田，遂逮繫下獄，杖百，戍肅州〔一〇七〕。行至涿〔一〇八〕，夜宿傳舍〔一〇九〕。手拲〔一一〇〕急，氣奔且〔一一一〕死〔一六〕。涿人楊四醉卒酒，（胱）〔脱〕正拲，刳〔一一二〕其中，且厚賂卒，乃得至戍所。亨與吉祥既誅，帝釋正爲民。憲宗〔一一三〕立，詔以原官直經筵〔一一四〕，修《英宗實録》。成化〔一一五〕（祈）〔初〕，左遷興化〔一一六〕知府。致仕，卒，年五十五。正長身［美］鬚髯，博學能文章，亦旁及書畫。著有《類博稿》〔一一七〕十卷，《深衣纂誤》〔一一八〕一卷。嘉靖中，追贈太常寺卿〔一一九〕，謚文肅，敕建祠祀之〔一七〕。岳文肅公小像自贊，其序云：有自京師來者，傳天語於臣，曰，岳正倒好，衹是大膽。或以賀正曰，上念公如此，行召公矣。曹生爲寫陋容，遂隱括〔一二〇〕其辭題於上云。

贊曰：岳正倒好，衹是大膽。惟帝念哉，必當有感。如或赦，汝再敢？臣嘗聞古人之言，蓋將之死而靡憾也。又贊曰：孔學不惑，孟心不動。汝年四十，物理猶閧〔一二一〕。四舉方售〔一二二〕，非百中之材；一試輒敗，非萬全之用。既不能隨時以浮沉，又安足爲世之輕重？尚倀倀〔一二三〕〔然〕以執迷，徒嘵嘵〔一二四〕乎而自訟〔一二五〕。〔此〕蓋古人之所爲狂，而今人之所爲蠢者也。見《岳氏家譜》。

又《讀書箴》曰〔一八〕：莫高匪天，書括其元。莫厚（非）〔匪〕地，書載其理。莫大（非）〔匪〕道，書盡其要。惟不讀書，遂成頑愚。涵養德惟，變化氣質。惟書斯功，惟〔讀斯〕力。勉之勉之，開卷有益；戒之戒之，不學無術。見《通州志》。

明武金、曹璉、張欽，皆漷庠生〔一二六〕。正統十四年〔一二七〕，英宗北狩〔一二八〕，〔也〕先〔一二九〕挾之去，嗣遣使以邀金帛。京師震恐，詔募勇敢之士。三人素有義行，憤然曰：何至（破）〔被〕敵侮若是？遂應募。也先使至都城門，恣意悉索，三人勇拒之。使恐，乃馳去。贈三人爲國子生〔一三〇〕。後金官處州〔一三一〕知府，璉官撫州〔一三二〕知府，欽官前軍都督府都事〔一三三〕。

明李濬，字景淵，漷人。博學有氣節，岳蒙泉以傑士目之。景泰元年〔一三四〕，舉於鄉，官山西潞州〔一三五〕知府。

明(李)〔吕〕棟〔一九〕，居永樂里，嘉靖間歲貢。授河南桐柏知縣，有政聲。事母周以孝稱。時子(姓)〔孫〕列庭(惟)〔帷〕〔一三六〕者已五代，日侍几杖以相娱樂。母壽至九十九。棟壽至八十，乃卒。漷令李成〔一三七〕贈額曰斑庭〔一三八〕頤養。〔邵〕致誥〔一三九〕復贈曰節壽雙高。

明岳粱，文肅從孫，性尚氣節，工文善書。所著有《東湫雜咏》《梅花百咏》行世，官大理評事〔一四〇〕。

國朝耿宗舜，字鄰滄，漷人。萬曆間諸生，有文名。崇禎末，以廪貢〔一四一〕授青州府〔一四二〕經歷〔一四三〕，未任。國朝官山西榆次〔一四四〕知縣，擢贛州〔一四五〕同知。歷贛南道〔一四六〕，適金聲桓〔一四七〕謀不軌，犯贛州，礮聲不絶晝夜。宗舜守禦孤城八十日，將軍談泰〔一四八〕兵至乃免〔一二〇〕。即乞歸，以功蔭一子，卒年七十七。

明漷縣雙(列)〔烈〕(在)〔者〕。金氏，常希文妻。崇禎二年〔一四九〕，北兵〔一五〇〕陷漷城，被執，挾之上馬。金見道旁有井，躍入，〔身〕被三矢而死。年十九。周氏，翟光國妻，同日遇兵，逼使上馬，不從被殺。年二十一。

【註解】

〔一〕申韓：戰國時法家申不害和韓非的並稱，後以其代表法家，亦稱申韓之學。

〔二〕孝廉：漢代選舉科目之一。孝廉指孝子廉吏，原爲察舉二種，後混爲一種。東漢和帝時始以人口爲標準，每二十萬人舉孝廉一人。

〔三〕尚書侍郎：官名。漢制規定任尚書郎滿三年者爲尚書侍郎。在東漢，尚書郎主文書起草。

〔四〕臺閣：尚書臺別稱，在東漢是綜理政務的機構。

〔五〕尚書令：官名。東漢時爲尚書臺長官，總典綱紀，無所不統，職權極重。

〔六〕中常侍：官名。東漢時以宦者爲之，隸少府，掌侍天子左右，從入内宫，顧問應對。

〔七〕王甫：東漢宦官。漢靈帝時爲黄門令，後遷中常侍，封冠軍侯。

〔八〕曹節：東漢宦官。南陽新野人，初爲小黄門，桓帝時任中常侍。靈帝時封長安侯，後遷長樂衛尉、尚書令等，光和四年（一八一）卒。

〔九〕髀：大腿。

〔一〇〕司隸：即司隸校尉，漢武帝時始置。東漢時負責糾察百官，上至諸侯、外戚、三公，下至地方郡守，職權顯赫。

〔一一〕光和二年：即一七九年。光和，東漢（後漢）靈帝劉宏的年號。

〔一二〕太尉：官名。漢時與丞相、御史大夫合稱三公，執掌武事，但無發兵、領兵之權，爲皇帝的軍事顧問。

〔一三〕段熲：東漢大臣。武威姑臧（今甘肅武威）人，因屢立戰功，先後拜中郎將、護羌校尉、破羌將軍、侍中、司隸校尉、太尉等官，封都鄉侯，更封新豐縣侯。後因曲意宦官遭彈劾，在獄中自殺。

〔一四〕磔：一種分裂肢體的刑法。

〔一五〕衛尉：官名。漢時爲掌宮門衛士，負責宮中巡察、巡視。

〔一六〕景帝：即遼景宗耶律賢，遼應曆十九年（九六九）即位，乾亨四年（九八二）歿，在位十三年。

〔一七〕司徒：官名。商周時代設置，掌管人口和土地，漢代爲宰相職。後世多爲大官之加官，這裏是丞相代稱。

〔一八〕統和六年：即九八八年。統和，遼聖宗耶律隆緒的年號。

〔一九〕承天太后：即遼景宗皇后蕭燕燕，遼聖宗之母，遼統和元年尊爲承天皇太后，攝國政。

〔二〇〕次：臨時駐扎。

〔二一〕范陽：遼南京道涿州的轄縣。漢置涿縣，唐改范陽縣，即今河北涿州市。

〔二二〕汴梁：元朝至明朝對開封的稱呼。五代唐、漢、周均稱東京開封府，金滅北宋後改稱汴京，即今河南開封市。

〔二三〕宣和六年：即一一二四年。宣和，宋徽宗趙佶的年號。

〔二四〕進士：科舉考試中通過中央政府考試的稱爲進士。在宋代，還要經過皇帝主持的「殿試」復核和決定名次。

〔二五〕宗翰：即完顔宗翰，金朝名將。金天會五年（即宋靖康二年，一一二七年）率軍滅宋。

〔二六〕蔚州：金代隸屬西京道，即今河北蔚縣。

〔二七〕廣靈：戰國時名平舒邑，西漢改爲平舒縣，遼代置爲廣陵縣，屬西京道大同府蔚州，金改廣靈。今山西廣靈縣。

〔二八〕雄州歸信：歸信，古縣名，爲雄州治所，金代隸屬中都路，即今河北雄縣。

〔二九〕天德：金代海陵王完顏亮的年號，一一四九至一一五三年。

〔三〇〕寧州：金代隸屬慶原路，即今甘肅寧縣。

〔三一〕大理卿：官名，古代中央司法審判機構大理寺的長官。北齊設置，隋唐稱大理寺卿。至宋代大理寺獄長官仍稱大理卿。

〔三二〕刑部尚書：刑部是司掌刑罰、獄訟等事務的官衙，爲古代六部之一，尚書是部門的長官。

〔三三〕節度使：唐代始置的地方軍政長官，五代時期權勢達到極點。宋代開始削弱其各種權力，後成爲宰相卸任後的榮譽職務，稱「某某軍節度使」。遼金仍按唐制設此官，轄數州，至元代廢除。

〔三四〕致仕：官員退休。

〔三五〕皇統六年：即一一四六年。皇統，金熙宗完顏亶的年號。

〔三六〕樊（礬）山：金代西京路德興府所轄的縣，即今河北張家口市涿鹿縣一帶。

〔三七〕弘州：遼代統和年間置，金代西京路所轄。即今河北陽原縣和宣化縣一帶。

〔三八〕判官：官名。隋代的使府置，唐爲臨時外派大臣隨員，漸成副職。後各州府均設此職，清改稱州判。

〔三九〕左司郎中：官名。隋代尚書省設左右司郎中爲長官佐助，唐左司郎中協管吏、户、禮部事務。後歷朝沿之，至明廢。

〔四〇〕擢：提拔、選拔。

〔四一〕中都路：金代政區之一，轄大興府、通州、薊州、涿州、雄州、順州、遂州等地，約當今河北及津北、京北的部分區縣。

〔四二〕轉運使：官名。唐置，初爲水陸發運使，後掌全國物資運輸和出納。金代設都轉運使，掌錢穀之徵收、轉運和倉儲出納事務。

〔四三〕户部：官署名。隋設民部尚書，唐改稱户部，爲六部之一，掌全國土地、户籍、賦税、財政支出等事務，長官爲户部尚書。

〔四四〕世宗：即金世宗完顔雍，金太祖完顔阿骨打之孫。金正隆六年（一一六一）被擁爲帝，大定二十九年（一一八九）歿，在位三十年。

〔四五〕御史中丞：官名。漢置，初爲御史大夫之佐官，西漢末成爲御史臺長官，東漢至南北朝爲權威頗重之職。隋唐至宋常代行御史大夫之職。

〔四六〕張汝霖：字仲澤，金名臣張浩之子。金貞元二年（一一五四）賜進士第，擢大興縣令，遷禮部員外郎，後授禮部郎中。在金世宗一朝歷任刑部侍郎、御史中丞、中都路轉運使、禮部尚書、平章政事等，封芮國公。世宗去世前受顧命，佐章宗。

〔四七〕輦錢：這裏是裝載、運輸銀錢的意思。

〔四八〕上京：金朝建立初，於天眷元年（一一三八）定都上京，後改稱會寧府，即今黑龍江阿城一帶。

〔四九〕會使法：由途經地方提供開支花銷，抵銷國家應徵税費的方法。

〔五〇〕章宗：即金章宗完顏璟，金世宗嫡孫。金大定二十九年（一一八九）即位，泰和八年（一二〇八）殁，在位二十年。

〔五一〕河東南北路：河東路原是宋置，金天會六年（一一二八）被析爲南北兩路。北路轄太原府、晋州、忻州、代州、保德州等地，約當今山西北部；南路轄平陽府、隰州、潞州、懷州等地，約當今山西南部及河南西北部。

〔五二〕提刑使：官名。金代爲地方司法長官，後改稱按察使。

〔五三〕勸農采訪使：即勸農使，官名。唐代始置，金設勸農司，掌勸課農桑之事。

〔五四〕歸德府：屬金南京路，下轄徐州、宿州、邳州、亳州等地，即今豫東、蘇北、皖北一帶。

〔五五〕泰和二年：即一二〇二年。泰和，金章宗完顏璟年號。

〔五六〕天德三年：即一一五一年。

〔五七〕昌邑：即今山東省昌邑市一帶。西漢景帝時在梁置山陽國，武帝改山陽郡，治所在昌邑。北宋建隆年間建北海軍，置昌邑縣隸之。金天會五年（一一二七）歸金。

〔五八〕尚書省：官署名。管理全國行政事務的機構，長官是尚書令。

〔五九〕令史：尚書省内主保管文書的官員。

〔六〇〕大定：即一一六一至一一八九年。大定，金世宗完顏雍的年號。

〔六一〕西京：即西京路，金政區之一。轄大同府、豐州、弘州、桓州、德興府、朔州、蔚州、雲内州等，約當今内蒙古包頭、多倫，北京延慶，河北淶源，山西五寨、應縣、靈丘等地區。

〔六二〕浮炫：浮躁炫耀。

〔六三〕烏底改：烏底改人是女真族的一支，分布在黑龍江中上游、大小興安嶺、外興安嶺、烏底河區域。金天會初，烏底改叛亡。

〔六四〕南京：即南京路，金政區之一。轄開封府、睢州、歸德府、單州、陝州、鄧州、河南府、嵩州、汝州、亳州、鄭州、宿州等，約當今淮河、桐柏山以北、洪澤湖以西，及河南三門峽以西、黄河以南部分地區。

〔六五〕學諭：學官名。學校職事，掌以所授經傳教諭學生，考查學生每月品行、學藝。

〔六六〕兀都台：不詳。

〔六七〕帖古迭兒：又譯帖木迭兒，元仁宗初，入爲中書右丞相。

〔六八〕貞祐：金宣宗完顔珣的年號，即一二一三至一二一七年。

〔六九〕耶律丞相：即耶律鑄，耶律楚材的之子，多次出任中書左丞相。

〔七〇〕燕京：成吉思汗十年（一二一五），元占金中都（今北京），改稱燕京，設燕京路總管府。

〔七一〕都税司：元太宗二年（一二三〇），朝廷在全國設立十路徵收税務所，專掌錢穀。

〔七二〕中統五年：即一二六四年。中統，元世祖忽必烈年號。

〔七三〕正統十年：即一四四五年。正統，明英宗朱祁鎮年號。

〔七四〕兵部：官署名，六部之一。掌理中央及地方武官的選用考查，以及有關兵籍、軍械、軍令等事宜。

〔七五〕大理寺正：官名。秦漢置廷尉正，輔助廷尉處理獄事。隋唐後稱大理（寺）正，掌糾正斷獄不當，爲審查官。

〔七六〕錦衣：即錦衣衛，官署名。明洪武十五年（一三八二）置，初爲掌理儀仗、護衛皇帝之職。明成祖後成爲皇帝的心腹，權力漸重，欺壓善良，草菅人命，官民畏之如虎。

〔七七〕僉事：官名，「僉」通「簽」。金代設按察司僉事一職，協理政務，總管文牘，此爲僉事官名之由來。

〔七八〕金吾衛：官署名。分前、後衛，是明朝親軍二十六衛之一。前衛掌理、守衛皇城南面，巡警京城各門；後衛掌理、守衛皇城北面，巡警京城各門等。

〔七九〕景泰：明代宗朱祁鈺年號，即一四五〇至一四五七年。

〔八〇〕天順：明英宗朱祁鎮年號，即一四五七至一四六四年。

〔八一〕曹欽：明英宗時大太監曹吉祥之嗣子。英宗復辟後掌兵權，任都督同知，封昭武伯。後參與曹吉祥反叛未遂，投井自殺。

〔八二〕右少卿：官名。大理寺副長官，右寺復審京師百官之刑獄。

〔八三〕太子少保：官名。原爲太子的輔助官，明初成爲加官、贈官之虚銜，與太子無關。

〔八四〕正統十三年：即一四四八年。

〔八五〕編修：官名。明代於翰林院置，官位在修撰之下，正七品官。

〔八六〕恭讓后：即明宣宗恭讓皇后胡氏。名善祥，宣宗即位時立爲皇后。時有孫貴妃受寵，皇后無子且疾。帝令后上表辭位，賜號静慈仙師，而册孫貴妃爲后。胡后無過被廢，引天下聞而憐之。

〔八七〕修撰：官名。唐選派朝官入史館修史，稱修撰。明代史館歸翰林院，以狀元授修撰，從六品官，掌修國史、起居註等。

〔八八〕薛瑄：字德温，號敬軒，河津（今山西萬榮）人。明代著名思想家、理學家、文學家。永樂十九年（一四二一）進士，官至通議大夫、禮部左侍郎兼翰林院學士。天順八年（一四六一）去世。

〔八九〕帝：即明英宗朱祁鎮，宣宗長子。宣德十年（一四三五）即位，正統十四年「土木之變」被瓦剌俘虜，後景泰八年（一四五七）復位。天順八年（一四六四）病殁。先後兩次共在位二十二年。

〔九〇〕王翺：字九臯，鹽山（今河北滄州）人，明代名臣。永樂十三年（一四一五）進士，授大理寺左寺正，後擢御史。明英宗時爲右僉都御史，景泰四年（一四五三）任吏部尚書，英宗復辟後續任，至太子太保。王翺一生歷仕七朝，輔佐六帝，成化三年（一四六七）去世。

〔九一〕文華殿：紫禁城内的建築之一。始建於明永樂十八年（一四二〇），初爲太子實習攝政地，後改爲皇帝的便殿。

〔九二〕石亨：明朝將領。早年因抗擊瓦剌有功，後發動奪門之變，擁英宗復辟而權傾朝野，官至太子太師。後因干預朝政而罷官入獄，死於牢中。

〔九三〕張軏：明朝軍事人物。永樂年間爲錦衣衛指揮僉事，後積功升爲前軍都督，總管京營兵。因參與英宗復辟封太平侯，死後封裕國公，憲宗時奪去爵位。

〔九四〕譖：説壞話誣陷别人。

〔九五〕欽天監：官署名。明初設司天監，洪武三年（一三七〇）改置欽天監，掌天文曆法之事。

〔九六〕侍郎：官名。秦漢時屬官中有議郎、侍郎之職，後歷代或有或廢。宋以後衹有六部設侍郎，是副長官，有左、右侍郎。清後期因新設副大臣而廢。

〔九七〕湯序：權宦曹吉祥黨人，英宗復辟後封禮部右侍郎。天順五年（一四六一），曹因反叛凌遲後，湯序等餘孽被誅。

〔九八〕曹吉祥：明代權宦。明代宗時參與分管京營兵事，在奪門之變中率兵迎英宗復辟。天順初年提升爲司禮監掌印太監，總督三大營。天順五年與石亨等人密謀反叛，事敗被凌遲處死。

〔九九〕諷：用含蓄的語言暗示、勸告的意思。

〔一〇〇〕斂戢：收斂的意思。

〔一〇一〕承天門：即天安門，是明清皇城的正門，始建於明永樂十五年（一四一七），最初名爲承天門。

〔一〇二〕陳汝言：明朝權臣，曾在英宗朝任兵部尚書，天順二年（一四五八）因貪污罪下獄。

〔一〇三〕盧彬：不詳。

〔一〇四〕賣直：故意表示公正忠直，以獲取名聲。有沽名釣譽之意。

〔一〇五〕欽州：古稱安州，明洪武年間置廉州府，轄欽州。約今廣西欽州市一帶。

〔一〇六〕道：這裏是路過、途經的意思。

〔一〇七〕肅州：隋代開皇三年（五八三）置酒泉郡，屬甘州，後分，始置肅州。元代置肅州路，明置肅州，後改肅州衛。約當今甘肅酒泉市肅州區一帶。

〔一〇八〕涿：即今河北涿州市一帶。

〔一〇九〕傳舍：戰國時貴族家中門客住宿地，後泛指供旅人休息住宿之地。

〔一一〇〕搴：兩手同械爲搴。

〔一一一〕且：副詞。快要、將要的意思。

〔一一二〕刳：剖開、挖空的意思。

〔一一三〕憲宗：明英宗長子朱見深。天順八年（一四六四）即位，成化二十三年（一四八七）歿，在位二十三年。

〔一一四〕經筵：官名。元代始設，專爲君主講解經史的職官。明代「開經筵」成爲内廷的一種典禮，由翰林充經筵官。名爲講書，實爲儀式，經筵官成爲榮譽職務。

〔一一五〕成化：明憲宗朱見深年號，即一四六五至一四八七年。

〔一一六〕興化：始置於五代十國時期，爲興化縣。宋代先後隸屬泰州、揚州、承州，明代屬高郵州，隸揚州府，約當今江蘇興化市一帶。

〔一一七〕《類博稿》：岳正詩文集，共十卷。由於岳正晚年好邵子（名雍，北宋哲學家、易學家）之學，故主要是對其的闡釋。

〔一一八〕《深衣纂誤》：岳正著述，一卷。深衣見於《禮記·深衣》篇，是先秦時期一種禮服，上衣與下衣連在一起，應爲古代諸侯、士大夫等階層的家居服裝。深衣是我國古代最早的服裝之一，後從廣義上泛指漢民族的傳統服飾，古代先賢多有關於此的著述。

〔一一九〕太常寺卿：官名。太常寺是掌管宗廟、王朝禮儀、祭祀諸事的機構，長官是太常寺卿，明清時期爲小九卿之一。

〔一二〇〕檃括：矯正曲木的工具，這裏有糾正、表明的意思。

〔一二一〕物理猶鬨：物，觀察、查看的意思；鬨，哄鬧、亂哄哄。意思是對事物的規律、原則的認識還膚淺、不深刻。

〔一二二〕售：這裏是實現的意思。

〔一二三〕倀倀：即悵然，無所適從的樣子。

〔一二四〕嘵嘵：吵鬧、争辯不止的聲音。

〔一二五〕訟：這裏是争論、争辯的意思。

〔一二六〕庠生：學生。庠，古代地方學校。

〔一二七〕正統十四年：即一四四九年。

〔一二八〕英宗北狩：明正統十四年，北方蒙古瓦剌部南侵，英宗在宦官王振慫恿下御駕親征，兵敗被俘。後于謙擊退瓦剌軍，英宗得以釋還。北狩，到北方打獵，這裏是皇帝被擄到北方的婉詞。

〔一二九〕也先：明代蒙古瓦剌部首領。明正統四年（一四三九）繼位，在他統治下，瓦剌勢力擴張，征服女真等。正統十四年，也先南犯打敗明軍，擄英宗，史稱「土木之變」。

〔一三〇〕國子生：又稱國學生、太學生，指在國子監肄業的學生，一般多爲官員子弟。

〔一三一〕處州：浙江麗水的古稱，始於隋朝，明洪武年間設處州府。

〔一三二〕撫州：隋朝在江西東部，撫河上中游設撫州，元時爲撫州路，明洪武年間改撫州府，轄臨川、崇仁、宜黄、金溪、東安五縣。

〔一三三〕都事：官名。明代中央和地方的主要官署均設此職，主要掌管文件收發、印鑒等事務。

〔一三四〕景泰元年：即一四五〇年。

〔一三五〕潞州：南北朝時北周在上黨郡（今山西長治一帶）置潞州，元初稱隆德府，明嘉靖年間陞潞州爲潞安府，轄長治、襄垣、潞城、壺關等八縣。

〔一三六〕庭帷：婦女居住的内室。

〔一三七〕李成：湖廣江陵舉人，嘉靖四十二年（一五六三）任，後陞欒州知州。

〔一三八〕斑庭：斑，頭發斑白，喻老人。斑庭，老人之家。

〔一三九〕邵致誥：遼東衛舉人，隆慶三年（一五六九）任知縣。

〔一四〇〕評事：官名。漢代始設，主掌決斷疑獄，明清時期大理寺分設左、右評事。

〔一四一〕廪貢：指府、州、縣的廪生被提拔爲貢生。廪，倉廪，廪生是明清兩代由府、州、縣發放給銀糧的生員。

〔一四二〕青州府：元代爲益都路。明太祖吴元年（一三六七年，元至正廿七年）置青州府，轄益都、臨淄、樂安、壽光、諸城等十一縣及莒州。約當今山東青州市、安丘市、諸城市、莒縣一帶。

〔一四三〕 經歷：官名。金代設置，明清的布政使司、按察使司均置，職掌出納文書等。

〔一四四〕 榆次：地名。戰國時期置，宋代爲縣制，直至明清，即當今山西榆次市。

〔一四五〕 贛州：即贛州府，元至正二十五年（一三六五），改贛州路爲贛州府，明清沿之。約當今江西贛州市一帶。

〔一四六〕 贛南道：贛州又稱贛南，明洪武年間江西分爲五道，贛州屬嶺北道。清順治後撤道，康熙十年（一六七一）又置分巡贛南道，轄贛州府、南安府。

〔一四七〕 金聲桓：陝西榆林人，明末清初將領。金是群盜出身，降附明將左良玉，後又歸順清廷，任江西總兵。南明永曆二年（一四六八年，清順治五年），因嫌清廷封賞少又反叛歸明，力攻贛州不克。後被清軍圍困南昌，城陷。殺妻投水自盡。

〔一四八〕 談泰：清軍將領。舒穆禄氏，滿洲正黄旗人，初授牛録額真，因與明軍作戰有功擢章京，後被奪官，尋又授本旗固山額真。他攻朝鮮驅朝鮮王受降，伐明軍十三戰皆捷。清順治元年（一六四四）攻李自成部，大敗之，授二等參將。順治五年（一六四八）授征南大將軍，平息江西的金聲桓叛亂。順治七年（一六五〇），授吏部滿尚書，同年八月因帝責其專横下獄，被誅。

〔一四九〕 崇禎二年：即一六二九年。

〔一五〇〕 北兵：據《明史》記載，崇禎二年十月，清兵進犯京師，十一月已抵德勝門下。次年四月，清兵東歸。

## 【校註札記】

〔一〕〔後漢陽球〕句：《後漢書・酷吏列傳》載：「陽球字方正，漁陽泉州人也。」但張寫本兩處卻均寫作「陰球」，首圖本亦作「後漢陰球」。不知何故。

〔二〕〔奏收甫父子及太尉段熲等〕句：張寫本脱漏「奏」字，今據《後漢書》及首圖本添加。

〔三〕〔(致)〔熲〕亦自殺〕句：段熲，東漢大臣。武威姑臧（今甘肅武威）人，少習弓馬，尚游俠，輕財賄，長乃折節好古學。初舉孝廉，爲憲陵園丞、陽陵令，所在有績。遷遼東屬國都尉，設計大破犯塞鮮卑。徵拜議郎。桓帝永壽二年（一五六），拜中郎將，擊破太山、琅邪農民起義軍，封列侯，延熹二年（一五九）遷護羌校尉。數年間，凡破西羌，斬首二萬三千級，封都鄉侯。靈帝初，拜破羌將軍，征伐先零東羌，兩年中，凡百八十戰，斬首近四萬級，更封新豐縣侯。建寧三年（一七〇）徵還京師，拜侍中，轉執金吾、河南尹。有盜發馮貴人冢，坐左轉諫議大夫，再遷司隸校尉。熲曲意宦官，故得保其富貴，遂黨中常侍王甫，而枉誅中常侍鄭颯等。建寧四年（一七一），代李咸爲太尉，其冬病罷，復爲司隸校尉。數歲，轉潁川太守，徵拜太中大夫。光和二年（一七九），復爲太尉。在位月餘，會日食自劾，有司奏其曲意王甫，時司隸校尉陽球奏誅王甫，並及熲，就獄中詰責之，遂飲鴆死，家屬徙邊。後中常侍吕强上疏，追頌熲功，靈帝詔熲妻子還本郡。初，熲與皇甫威明、張然明並知名顯達，京師稱爲「凉州三明」（段熲字紀明）云。

〔四〕「終以節誣收送洛陽獄」句：據《後漢書》載，光和二年（一七九）冬十月，永樂少府陳球（字伯真）潛與司徒劉郃謀誅宦官。劉郃先慮「凶竪多耳目，恐事未會，先受其禍」，後在共謀的步兵校尉劉納鼓動下應諾，同謀的還有衛尉陽球。這時宦官曹節等已有所聞，他們對陳球妾之父程璜威脅利誘，迫使供出陳等人的密謀。曹節向漢靈帝舉報幾人勾結外藩，「謀議不軌」，帝大怒，陳球、劉郃、劉納、陽球被捕下獄，皆死。（見《孝靈帝紀》《陳球傳》。）

〔五〕「境有河曰八尺口」句：張寫本此句缺「境」字，今據首圖本及《光緒通州志》補之。

〔六〕「請行會便法」句：《金史·張亨傳》載，亨謂：「上京距都四千里，若挽錢而行，是率三而致一也，不獨枉費國用，無乃重勞民力乎。不若行會便法，使行旅便於囊橐，國家無轉輸之勞而用自足矣。」張寫本與首圖本皆作「請行會子便法」，今據《金史》改。

〔七〕「有其地不可居」句：張寫本此句爲「得其得不可居」，今據《金史》改。

〔八〕「仕金爲四鄉學諭」句：張寫本作「葉諭」，首圖本作「教諭」，今據《日下舊聞考》改。

〔九〕「明董方，字中矩，漷人」句：董方《明史》無傳，其事迹多出自《明刑部尚書贈太子少保董公墓志銘》，及其父董政墓地神道碑文。政原籍太原府忻州，三歲失怙，隨季父董鬱徙通州漷邑，遂即覓子店創室廬以居。其子方氣宇不凡，游學邑庠，於正統乙丑登進士第。

〔一〇〕「能雪冤抑」句：明禮部尚書周洪謨撰墓志銘稱方「用法平恕，克雪抑冤」。銘曰：仁哉董公，滿腔皆春。治獄有德，格於蒼旻。狴犴之間，自無冤民。

〔一一〕［事覺。政誣選妻與己私，同謀殺夫，獄成。方謂彼夫婦三十餘年，舉子十數人，何至是］句：張寫本中此句不全，今據《通州志》補全，以見其本意。

〔一二〕［歷遷刑部尚書］句：據《明史·七卿年表》載，董方在成化九年十一月任右都御史，成化十年十二月遷刑部尚書，十三年七月致仕。

〔一三〕［請復恭讓后位］句：張寫本及首圖本均作「請復恭讓左位」，欽定四庫全書本《類博稿·附録》中有李東陽撰寫的祭文，云：「嘗閉户夜草疏，請復恭讓后位號。」今依此改之。

〔一四〕［帝問正，正言奸臣無指名即求之］句：張寫本與首圖本「帝問正，正言奸臣」七字皆脱漏，今據《明史》補之。

〔一五〕［舉朝傳誦］句：《明史》載，（岳）正草敕曰：「乃者承天門災，朕心震驚，罔知所措。意敬天事神，有未盡歟？祖宗成憲，有不遵歟？善惡不分，用捨乖歟？曲直不辨，刑獄冤歟？徵調多方，軍旅勞歟？賞賚無度，府庫虚歟？請謁不息，官爵濫歟？賄賂公行，政事廢歟？朋奸欺罔，附權勢歟？群吏弄法，擅威福歟？徵斂徭役太重，而閭閻靡寧歟？讒諂奔競之徒幸進，而忠言正士不用歟？抑有司闒茸酷暴，貪冒無厭，而致軍民不得其所歟？此皆傷和致災之由，而朕有所未明也……」如此，岳正將當時朝廷、奸臣所存在重大問題給以徹底揭露，一時舉朝傳誦。「岳正之問」不但得罪了當朝姦臣，就連皇帝也對他不滿，招惹來了災禍。

〔一六〕［手拳急，氣奔且死］句：此句直譯是「雙手被械具拷得很緊，喘不上氣快要死了」，余以爲是不卸重枷而導致其昏死。這個重枷應該是那種連脖頸帶雙手一起緊拷的枷鎖，勒得脖子很緊，以至於喘不上氣來。所以纔有了後面的賄卒「脱正拳，刳其中」，解開岳正的雙手，放鬆枷具，得以活着到戍所。

〔一七〕［嘉靖中，追贈太常寺卿，謚文肅，敕建祠祀之］句：對於漷人來説，岳正是他們的驕傲，從他在這部薄薄的方志占的篇幅字數來看，足以説明他的份量。從古至今的老百姓，最盼望的就是明君和清官。皇帝就一個，衹能是趕上誰就是誰，可官吏很多，如果哪裏出了一位清官，實在是百姓之大幸、鄉閭之榮耀了。岳正爲人正直，不屑朝中惡勢力，對皇帝也敢於直言不諱。史書稱「正素豪邁，負氣敢言」。其實岳正作爲一代賢臣，皇帝心裏也是明白他的爲人。對於這位敢於和自己争辯，以至唾濺帝衣的諫臣，皇上的評語是「岳正倒好，衹是大膽」。

〔一八〕［又讀書箴曰］句：此《讀書箴》文字是據欽定四庫全書本《類博稿》校改。首圖本此處脱漏「又讀書箴曰：莫高匪天，書括其玄。莫厚匪地，書」共十八字。

〔一九〕［明吕棟］句：張寫本及首圖本爲「明李棟」，查《乾隆通州志》《光緒通州志》，在《人物·孝義》和《選舉》的《文武科第》及《貢監表》中，均作「吕棟」，據此改之。

〔二〇〕［將軍談泰兵至乃免］句：張寫本及首圖本均作「談泰」，其名是滿語音譯，故有幾種譯法，如談泰、譚泰、澹泰等。《清史稿》及《清史紀事本末》均作「譚泰」。未改。

# 風俗

舊志云：「俗使氣仗節，士農務耕讀，婦女勤蠶織。」然漷境平沙曠莽，了無栽桑藝〔一〕〔絲〕之利，斯言非實。

漷邑婚禮。有男女親長作保，親者不必合婚，（爲）〔謂〕之撞婚。將（奴）〔婚〕娶先期，（婚）〔婿〕家備禮物及鷄席送女家，曰催妝。女家送妝奩，仍以鷄席歸婿家，曰鋪牀。娶後幾日，擇吉行廟見禮〔二〕。女家親戚〔咸〕往婿家，曰會親。九日，女家迎婿、女至家，曰回九。十八日，女家親友又咸往婿家，曰作雙九，或女家復迎婿、女至家，曰回雙九。喪禮。死之日，戚友俱送冥鏹〔三〕。男喪送紙馬，女喪送紙轎。喪家延〔四〕僧作佛事，曰接三；或遵文公《家禮》〔五〕，於死後五、六、七日延〔庠〕生行成服禮〔六〕。治喪親友奠賻〔七〕者，裂帛答之。發引前一日，戚友賻吊，曰封靈；或延庠生行遷柩禮。發引日，或用僧道，或延庠生於途行遣奠禮。戚友各設祭品於墓，曰山頭祭。以下皆見《通州志》。

漷邑正月十三至十六，各廟懸燈演劇，曰燈戲。男女各游街市，曰走橋兒。十五日，俱至里二泗佑民觀，觀香會。二月二日爲龍抬頭，用灰撒地，謂之引龍。煎菉豆粉爲餅，曰熏蟲兒。三月清明日，有喪之家三年内，於春首戊寅日以前祭新墓，俗謂新墳不過天赦日[八]也。四月八日爲（俗）〔浴〕佛會，（編）〔煸〕以熟豆施人，謂之結緣。五月初一，里二泗廟香會[一〇]。七月七日爲女節，用盎盛水曝日中，水面生膜，投以小針，曰丢巧。十月初一，各家祀祖先，裁紙爲衣焚之，曰送寒衣。十二月除夕，各家皆樹長竿懸燈，曰照虚耗[九]。餘與南方相同。

庭芬《漷縣除夕感懷》詩[一二]附：居然餞臘駐荒城，歲月催人暗裏驚。書卷遠攜聊作客，文章無命枉求名。遥村朗照燈千點，冷署清傳鼓幾聲。觸起鄉愁是今夕，不堪對酒數殘更。

【註　解】

〔一〕藝：才能，這裏是技能的意思。

〔二〕廟見禮：古代婚禮儀式之一。在婚後至三個月内，擇日率新娘至夫家宗廟祭告祖先，以示此婚姻得到祖先同意，即正式入了夫家的宗族系統。

〔三〕冥鏹：指燒給死者用的紙錢。

〔四〕延：迎接、邀請的意思。

〔五〕文公《家禮》：即朱熹的《朱子家禮》。主要講綱常倫理、禮節禮儀，其中有關於喪禮儀式的内容，程序是送終；戴孝；報喪；小殮；設祭；吊喪；入殮；出殯；下葬。

〔六〕成服禮：即三獻成服禮。是辦理喪事隆重而繁瑣的禮儀，配有樂曲、吟唱、拜祭等，行多種禮，以表孝子的哀痛之情。

〔七〕賻：送財物助人辦喪事。

〔八〕天赦日：舊時在每年中有幾天爲天赦日，曰四時專氣，生育萬物，宥罪赦過，是上天赦免衆生罪過的吉日。具體日子爲春戊寅、夏甲午、秋戊申、冬甲子四天，宜祭祀、祈福、婚嫁、修墓、下葬等。

〔九〕虛耗：古代民間傳説中的鬼怪之一，是給人招來災禍的惡鬼。自唐以來，就有過年祀竈後點燈照「虛耗」的習俗，以驅惡鬼。

## 【校註札記】

張寫本《風俗》此頁錯漏文字均據首圖本改之。

〔一〕「里二泗廟香會」句：里二泗廟是指道教的佑民觀，據《光緒通州志》載：「在張家灣，即天妃廟，舊名里二泗。」佑民觀位於村西，也稱天妃宫，是聖母娘娘道場，也是明清兩朝在京東的道家第一福地、最大觀場。關於佑民觀（天妃宫）建於何時，《光緒順天府志》云此宫「始建無考，明崇禎十三年修」，但父老相傳始建於元代。明嘉靖十四年（一五三五），觀院的道長奏請賜觀額曰「佑民觀」，但民俗仍稱爲里二泗廟。佑民觀坐南朝北，道觀前即漕運之大運河。觀内祭奉金花聖母銅像，也稱天妃宫，俗稱娘娘廟。關於金花聖母，其實是爲合二爲一的神，既是天神，又是地神。作爲天神，她是南方沿海漁民、水手供奉的媽祖，保佑他們出海平安歸來；作爲地神，她在人間助産送子，保佑母子平安。貫通南北的大運河，把媽祖崇拜也帶到了北方。南來北往的漕運船民、乘船載客的、官員客商等，加上求送子的，都要到此燒香祈願，保佑平安，一時香火鼎盛。每年正月十五至三十爲廟會，届時車水馬龍，人山人海，十分熱鬧，農曆五月初一另開一次。

［二］「庭芬《漷縣除夕感懷》詩」句：道光十年秋，管庭芬因「京兆試」而投奔其族兄管嗣許，寄居在州判衙署。時光流逝，不覺到了除夕，他吟出此感懷詩。「居然餞臘駐荒城」，没想到自己要在荒凉小城過年了；「文章無命枉求名」，多次應試名落孫山，已經不抱太大的希望了；「冷署清傳鼓幾聲」，人們忙於過年，衙署裏冷冷清清，衹剩他一人，不禁思念家人，引出鄉愁。寥寥數語，勾勒出他獨在异鄉爲异客之心境。

# 物產

漷之所產者，蔬之屬，曰藤蒿、曰蒲菜、曰菠薐（又名根倒菜）、曰苦麻；果之屬，曰葡萄（長而白者皆［佳］，圓而紫者次）、曰山裏紅；花之屬，曰藍枝（其花似桃而無果）、曰金盞、曰翠蛾眉、曰佛指甲、曰爬山虎、曰草茉莉（有紅黃紫白各色）、曰［石］繡、曰晚香玉、曰紅姑娘；藥之屬，曰地膚子（即掃帚草）、曰白蒺藜（張家灣者更勝）；漷草之屬，曰娘娘拳、［曰］老鸛嘴、曰水艷婦苗、曰星星草；禽之屬，曰鵁老〔一〕、曰鐵脚雀〔二〕；獸之屬，曰狐狸；蟲之屬，曰蟈蟈兒、曰蠍。見《通州志》。

庭芬《咏晚香玉》詩附：藍田〔三〕想是嫩芽（坐）［生］，一徑幽香護晚晴。珠露無聲憐小玉，冰輪〔四〕涵影照飛瓊。暖陪茉莉姿先潔，夢到蘅蕪〔五〕醒亦清。也與美人妝鬢角，瑶簪敲（敲）碎贈多情。

## 【註解】

〔一〕鵜老：即鵜，俗稱魚鷹，是水鳥的一種，羽黑嘴扁長，善捕魚，常被漁民養來捕魚用。

〔二〕鐵脚雀：鳥名。爪黑，體大小如麻雀，頭上毳毛藍色，尾兩邊爲白色。

〔三〕藍田：地名，在陝西西安附近，是盛産美玉的地方，這裏是借指。

〔四〕冰輪：即月亮。

〔五〕蘅蕪：香名。蘅，即杜蘅，古稱香草。

# 文咏

明岳文肅公《〔畫〕葡萄説》云：畫，書之餘也。學者於游藝之暇，適趣寫懷，不忘揮灑，大都在意不在象，在韵不在巧，巧則工，象則俗矣。雖然，其所畫者必有意焉。是故於草木也，蘭之芳、菊之秀、梅之潔、松竹之操，皆託物寄〔興〕，以資自修，非徒然也。夫葡萄木而草，約花〔而〕（住）〔佳〕實，重自上古，故神農〔一〕九種，功力爲最。至能强志益氣、輕身延齡，蓋中國〔二〕之名果也。〔二〕《二酉》〔三〕《六帖》〔四〕皆〔謂〕得（謂）之大宛〔五〕，〔歸〕種漢宫，豈未之考歟？意（謂）〔者〕初不（輕）〔經〕見，而博望〔六〕貳師〔七〕之所得者又將特異，故成式〔八〕樂天〔九〕遂附會之歟？不可知矣。魏文〔一〇〕之詔以爲華果極珍，盛（稱）〔讚〕厥美，〔一一〕似爲知己，然徒得其味而（遺）〔遺〕其德，取其小而不識其大，君子惜之。（即）〔予〕嘗論其幹臞〔一二〕者，〔廉〕也；節（聖）〔堅〕者，〔剛〕也；枝弱者，〔謙〕也；葉多（薩）〔蔭〕者，〔仁〕也；（夢）〔蔓〕而不附者，〔和〕也；實中果而可釀者，〔才〕也；味甘平無毒，入藥力勝者，〔用〕也；屈（信）〔伸〕（於）〔以〕時者，

〔道〕也。其德之全有如此者，宜與菊、蘭、梅、竹並馳而争先可也。世無好之而畫者，獨近代有僧日(歡)〔觀〕〔一二〕者始作之，是又不幸失身於方外野人之手，不無工俗可厭，使夫徽懿〔一三〕弗彰，悲哉！予謫〔一四〕戍窮荒，偶見一本〔一五〕，因以新意製爲長幅，〔用悼〕不遇〔一六〕，兼暢幽情。(且)〔具〕目〔一七〕者苟矜其窮而取焉，則亦未見其爲不幸也。若曰是不象而工，豈徒不識畫格〔一八〕，亦未有以知岳生者也。從《墨迹録》。

元吴萊〔一九〕《過溧州》詩云：數株楊柳弄輕煙，舟泊溧州(湖)〔河〕水邊。牛羊散野春草短，敕(敕)〔勒〕〔二〇〕老翁方醉眠。見《元詩選》。詩本二首，《元詩選》僅存後一絶，今從《淵潁先生全集》補録之：四月一日尚綿衣，知是故鄉花片飛。白頭慈母依閭久，目斷天南無雁歸。

元張承旨〔二一〕《溧農嘆》云：溧南有農者，家僅一兩〔二二〕車。王師征淮蔡〔二三〕，官遣給軍儲。翁無應門兒，一身老當夫。勞勞千里役，泥雨半道途。到軍遭焚烹〔二四〕，翁脱走故閭。車牛力已盡，户籍名不除。府帖〔二五〕星火下，爾乘〔二六〕仍往逾〔二七〕。〔三〕破産不重置，笞捶無完膚。〔四〕翁復徒手歸，涕淚滿(敞)〔敝〕襦〔二八〕。問家墻屋在，榆柳餘殘枝。野雉雊〔二九〕梁間〔五〕，狐狸穴階除。老妻出傭食，四顧筐篋無。有司〔三〇〕更著役，我實骨髓枯。仰天哭欲死，醉吏方歌呼。同上。

明大學士楊士奇〔三一〕《過漷縣望都門西山》〔詩云〕：東旭光芒起，西山紫翠分，馳心（問）〔向〕鳳闕〔三二〕，仰首見龍文。旆〔三三〕影高低出，鐘聲遠近聞。預將纓紱〔三四〕振，擬（問）〔近〕玉爐薰〔三五〕。見《通州志》。

明廣西參政〔三六〕蔣山卿〔三七〕《漷縣晚行》詩云：漠漠平沙闊，荒荒白日低。朔雲孤雁度，昏樹亂鴉棲。戍鼓聽猶隔，村煙望欲迷。關山有戎（事）〔馬〕，憐（客）〔爾〕尚征西。〔六〕見《明詩綜》。

明顧夢圭〔三八〕，官江西布政司〔三九〕，有《漷縣行》云：入城半里無人語，枯木寒鴉幾（茅）〔茆〕宇。蕭蕭酒肆誰當壚？武清西（東）〔來〕斷行旅。縣令老羸猶出迎，頭上烏紗半塵土。問之不得攢雙眉，但訴公私苦復苦。雨雹飛蝗兩傷稼，春來況遭連（日）〔月〕雨。縣城之西多草場，中官〔四〇〕放馬來旁午。〔中〕官占田動阡陌，不出官租地無主。縣中里甲〔四一〕死誅求，〔請〕看荒墳遍村塢。同上。

明吏部郎吴本泰〔四二〕《漷縣道中》詩云：近水朝光動，窺林宿霧收。高低未盡晚，黄碧樹兼秋。鷄犬荒寂〔寂〕，人驢小市稠。（經）〔徑〕行問風土，不厭屢停輈〔四三〕。見《海粟堂集》。

明光禄卿〔四四〕葛徵奇〔四五〕《將赴留都舟發漷縣次是庵韵》云：雲際孤帆遠，山山入望中。殘村人語少，廢井爨〔四六〕煙空。日落罡風〔四七〕暗，磷飛野草紅。蒼茫何處宿，歸客尚途窮。見《介龕詩鈔》。

閨秀李因〔四八〕《舟發漷縣道中同家禄勛〔四九〕作》：辭家拂衣去，白髮半愁中。過客天涯少，行厨榾柮〔五〇〕空。禪關〔五一〕山月黑，魚栅夜燈紅。松菊聞無恙，（鉢）〔鋤〕〔五二〕書可耐窮。見《竹笑軒詩集》。

國朝〔五三〕卞永吉〔五四〕《漷縣舟中》〔八〕詩云：徵帆緣（路）〔潞〕轉，别馬（慚）〔憶〕驕嘶。前路方疑遠，鄉關漸欲迷。岸平沙水急，野闊塞雲低。日暮頻回首，荒村鷄盡棲。見《通州志》。

吾鄉查初白〔五五〕〔九〕太史〔五六〕慎行《漷縣晚泊》云：鷗鳥瀠洄〔五七〕泊小舠〔五八〕，蘆溝（而）〔西〕望樹周遭。殘冰裂石黏兼岸，春水如油滑上篙。老柳耐寒如許瘦，壞垣經久不多高。畫眉冢冷鷹臺塌，一片斜陽雁下壕。見《敬業堂集》。

國朝顧宗泰〔五九〕太守〔六〇〕《過漷縣》詩云：一帆過漷縣，回首隔張灣。〔人〕自滄波外，舟依暮靄間。殘霞明到水，遠樹緑遮山。（帳）〔棖〕〔六一〕觸江南意〔一〇〕，今宵喜獨還。又云：地是泉山舊，人過漷縣陰。牧牛春草陌，賣酒緑楊林。煙外波光遠，雲中岫影沈。延芳傳古淀，〔往〕迹樂從禽〔一一〕。見《月滿樓集》。

國朝布衣沈邁〔六二〕《過滆縣》詩云：巨艑〔六三〕如牛鞭不行，乘風卻喜片帆輕。四千秋驛何時到，今日經［此］第一程。見《松江詩選》。

【註　解】

〔一〕神農：這裏指古籍《神農本草經》，是中國最早的中藥學著作，後來歷史上多種有關「本草」的醫藥著作都源於此。

〔二〕中國：這裏指的是中原之地，與其他地方如西戎、北狄、南蠻、東夷相區別。

〔三〕《二酉》：這裏指唐代志怪小説《酉陽雜俎》，作者段成式，爲筆記小説集，分前卷二十、續集十卷。内容有仙佛鬼怪、人事，以至動植物、酒食、寺廟等，其中記載了各地及异域的珍异之物。

〔四〕《六帖》：這裏是指唐代文學家白居易爲積累寫作材料而自編的類書《白氏六帖》，全書共三十卷，其中有關於天地動植物類的資料。

〔五〕大宛：古代中亞國名，屬漢代西域各國之一，以産良馬著稱。

〔六〕博望：這裏是指漢代的張騫。漢元光六年（前一二九），漢武帝封張騫爲博望侯。

〔七〕貳師：這裏是指漢武帝時貳師將軍李廣利，他曾在漢太初元年（前一〇四）率軍討伐大宛國。

〔八〕成式：段成式，山東鄒平人，晚唐著名志怪小説家、詩人，著有《酉陽雜俎》等。

〔九〕樂天：白居易，字樂天，號香山居士，唐代著名詩人、文學家。

〔一〇〕魏文：即三國時期的魏文帝曹丕。

〔一一〕臞：這裏是削瘦的意思。

〔一二〕日觀：南宋末、元初期的浙西僧人釋子温，人稱「温日觀」。此人生性疏散，擅長畫葡萄，人稱「温葡萄」。在元人的詩歌中，有不少記述温日觀畫葡萄的，可見其在元朝的影響。

〔一三〕徽懿：美好。

〔一四〕謫：被罰流放或貶職。

〔一五〕一本：本，這裏是株、棵的意思，一本即一株葡萄。

〔一六〕用悼不遇：傷感不幸際遇。用悼，悲傷、悼念。

〔一七〕目：這裏是目力、鑒賞力的意思。

〔一八〕格：格調、品格。

〔一九〕吴萊：元代學者，文學家。字立夫，門人私謚淵穎先生，浦陽（今浙江浦江）人。

〔二〇〕敕勒：中國古代北方的游牧民族，這裏指蒙古人。

〔二一〕張承旨：即張翥，元代學者，詩人。字仲舉，晋寧（今山西臨汾）人。官至翰林學士承旨，曾參與編修宋、遼、金三朝正史。《元史》有傳。

〔二二〕兩：量詞，即輛。

〔二三〕淮蔡：淮，淮水；蔡，安徽蔡城。這裏指豫皖一帶。

〔二四〕焚烹：這裡指遭遇到官軍的折磨、虐待。

〔二五〕府帖：官府的文告。

〔二六〕乘：駕車。

〔二七〕逾：即逾，越過的意思。

〔二八〕敝襦：敝，破舊；短衣，短襖。

〔二九〕雊：野鷄的鳴叫。

〔三〇〕有司：官吏，古代官職事各有專司。

〔三一〕楊士奇：明朝官員，江西泰和人。建文帝時薦入翰林院，仁宗時升任禮部侍郎兼華蓋殿大學士。

〔三二〕鳳闕：本爲漢代城中宮闕名，這裏指京城裏的皇宮。

〔三三〕旆：本義是古代旗幟上的飾物，後泛指旌旗。

〔三四〕纓紱：本義是繫冠的帶子，這裏借指衣冠。

〔三五〕玉爐薰：這裏借指皇宮。

〔三六〕參政：明代地方行政長官布政使下設的官職，分領各道。

〔三七〕蔣山卿：明代官員，字子雲，儀真（今江蘇儀徵）人。明正德年間進士，官至廣西布政使司參政。

〔三八〕顧夢圭：字武祥，號雍里，江蘇昆山人。明嘉靖二年（一五二三）進士，官至江西右布政使。

〔三九〕布政司：明代官名，全稱承宣布政司使，俗稱藩臺，是布政使司的長官，管一省之民政、財賦等。

〔四〇〕中官：這裏指宦官。

〔四一〕里甲：里，里長；甲，甲長，十户一甲。這裏泛指鄉官。

〔四二〕吴本泰：字美子，號藥師、梅里居士，浙江海寧人。明崇禎七年（一六三四）進士，任吏部郎中等職，明亡不仕。

〔四三〕軥：車轅。

〔四四〕光禄卿：官名，掌管皇室的酒醴膳饈之事。

〔四五〕葛徵奇：明代畫家。字無奇，號介龕，浙江海寧人。明崇禎元年（一六二八）進士，善畫山水。

〔四六〕爨：這裏指竈火。

〔四七〕罡風：强勁的風。

〔四八〕李因：清代女畫家，號龕山逸史，浙江錢塘人。葛徵奇之妾，能詩能畫，善山水花鳥。

〔四九〕禄勛：即「光禄勛」省稱，葛徵奇官光禄寺少卿，故李因稱之爲「家禄勛」。

〔五〇〕榾柮：木柴塊，樹根疙瘩。

〔五一〕禪關：寺院的大門。

〔五二〕鋤：這裏是助的意思。

〔五三〕國朝：本朝，這裏指清朝。

〔五四〕卞永吉：字謙之，監生，清漢軍正白旗人。康熙年間官綿州、茂州知州。其父卞三元曾任雲貴總督等職。

〔五五〕查初白：即查慎行。清代詩人，晚年居於初白庵，又稱查初白，浙江海寧人。清康熙四十二年（一七〇三）進士，授翰林院編修，入直南書房，後直武英殿總裁纂述。武俠小説家金庸（查良鏞）先祖。

〔五六〕太史：官名。商周即設，爲太史寮長官，掌管記録國家大事，編著史册等。漢司馬遷父子均任過此職。明清時期修撰史書專屬翰林院，故人稱翰林官爲「太史」。

〔五七〕瀠洄：指水流回旋的樣子。

〔五八〕舠：小船。

〔五九〕顧宗泰：一名景泰，字景岳，蘇州元和人。乾隆四十年（一七七五）進士，歷任吏部主事、高州知府。工詩文。

〔六〇〕太守：官名。漢代爲一郡之行政長官，後廢郡存州，太守不再是正式官名。明清時尊稱知府爲太守。

〔六一〕棖：樹立門旁的木柱。

〔六二〕沈邁：不詳。

〔六三〕艑：大船。

## 【校註札記】

［一］「夫葡萄……蓋中國之名果也。」句：把葡萄説成是中土的名果，似與實際情況不符。史料證明，先秦時期葡萄種植和葡萄酒釀造已開始在西域傳播，自西漢張騫出使西域，引進大宛葡萄品種，中原内地葡萄種植的範圍開始擴大，葡萄酒的釀造也開始出現。可能是從漢到明過去千年之久，人們已經認同了葡萄的中土珍果的地位吧。

［二］「魏文之詔以爲華果極珍，盛讚厥美」句：此句是指三國時期魏的曹丕對葡萄的評價。曹丕《與吴監書》云：「中國珍果甚多，且復爲説葡萄。」並詳細描寫吃葡萄之情狀：「當其夏末涉秋，尚有餘暑，醉酒宿醒，掩露而食，甘而不飴，脆而不酸，冷而不寒，味長汁多，除煩解倦。又釀以爲酒，甘於曲蘗，善醉而易醒。」看來魏文帝挺喜歡吃葡萄。

關於《畫葡萄説》，此文與四庫全書本《類博稿》核校，並據此填補脱漏，另有不同之處，多據此修改。首圖本此文除個别文字與《類博稿》有异，其他基本相同。

［三］「府帖星火下，爾乘仍往逾」句：由於「户籍名不除」，老翁仍在服役的名册上，所以當官府的催促文告急如星火傳來時，他又得駕車遠途去送軍隊用的糧草。

［四］「破産不重置，笞捶無完膚」句：老翁被官府徵召充役，千里迢迢送糧草遭受損失，家産蕩盡，已無計重置家業，可非但得不到補償，還被官吏毆打得體無完膚。有文釋爲無力重置車畜，非也。

[五] 「野雉雊梁間」句：野鷄在房梁上鳴叫。雊，《説文》釋爲「雄雌鳴也。雷始動，雉鳴而雊其頸」。有文將「雊」易爲「居」，恐錯矣。

[六] 「關山有戎馬，憐爾尚征西」句：張寫本和首圖本此句均爲「關山有戎事，憐客尚征西」，今據《明詩綜》（卷四十）改。

[七] 「閨秀李因《舟發瀔縣道中同家禄勛作》」句：李因詩是和夫君葛徵奇《將赴留都舟發瀔縣》（《文咏》亦選）韵而作，且有八首，此爲六。葛詩客觀描述了瀔地景象，是因舟船剛從瀔出發，纔有了「殘村人語少，廢井爨烟空」詩句。而李因的第一首的首句「登舟纔五日，百緒棹聲中」，船已經南下行駛五日，雖記録了兩岸風光，但已全不是瀔地景象了。且這第六首衹是記述回鄉的迫切心情，及船上單調的生活。實在不知爲何要選李詩，或許僅是因詩名有瀔縣二字？

李因《竹笑軒吟草》（二〇〇二年遼寧教育出版社版）中，此詩最後一句爲「鋤書可耐窮」，首圖本亦是。窮，途窮。意思是練書法可幫助解除在船上的無聊吧！

[八] 「國朝卞永吉《瀔縣舟中》」句等：張寫本《文咏》中吴萊《過瀔州》（一首）、蔣山卿《瀔縣晚行》、顧夢圭《瀔州行》及卞永吉《瀔縣舟中》等詩詞中的不同處，均據《日下舊聞考·京畿》改之。

[九] 「吾鄉查初白」句：管庭芬乃海寧人，因而稱查初白爲「吾鄉」。

［一〇］［根觸江南意］句：此句在張寫本是「帳觸江南意」，首圖本是「悵觸江南意」。據顧宗泰的《月滿樓詩集·南旋集》（嘉慶年間刻本）是「根」字，此字義爲「樹立門旁的木柱」，在詩句中根觸即感觸之意。

［一一］［往迹樂從禽］句：張寫本脱漏「往」字，今據《月滿樓詩集·薇省集》補之。

# 災祥

遼乾統四年〔一〕十月己酉，鳳凰見漷陰。元至元二十三年〔二〕，漷大水，五月蝻。三十年〔三〕，漷蝗食禾稼，草木幾盡。大德十一年〔四〕，漷大水。至治三年〔五〕七月，漷州雨水害稼。泰定元年〔六〕〔一〕，［漷州水］，三年、四年，水。至順元年〔七〕六月，漷州蝗食禾稼。［至正十九年〔八〕，漷飛蝗食禾稼］〔二〕，草木俱盡，民大饑，捕蝗食之。盡，人民相食。

明（宏）［弘］治二年〔九〕，漷大水。嘉靖十五年〔一〇〕，地大震，漷同日震，房屋傾圮，至殺人。三十六年〔一一〕，漷蝗蝻、黑蟲食苗，幾盡。隆慶六年〔一二〕夏，漷大旱，煙氣蔽野，月赤如血；秋七月，運河水溢害稼。萬曆十年〔一三〕春，大疫。十四年〔一四〕五月，漷大雨雹，屋瓦皆碎。十八年〔一五〕七月，［大］雨三晝夜，山水涌發，漷堤決，田禾淹没殆盡。三十二年〔一六〕六月，雨五十日方止，山水大發，漷（成）〔城〕巨浸。以上詳《通州志》。

國朝康熙十八年〔一七〕，漷地震，至圮民屋。三十八年〔一八〕，大水。雍正十一年〔一九〕，水。乾隆二年〔二〇〕，水。十六年〔二一〕，水災。三十五年〔二二〕，大水。三十六年，水災。四十五年〔二三〕，水災。嘉慶六年〔二四〕，大水，群鼂乘流而至，聚踞村莊，至傷人畜。道光三年〔二五〕（此下闕）俱詳《漷縣報賑册》。

【註解】

〔一〕乾統四年：即一一〇四年。乾統，遼天祚帝耶律延禧年號。

〔二〕至元二十三年：即一二八六年。

〔三〕三十年：即元至元三十年，一二九三年。

〔四〕大德十一年：即一三〇七年。

〔五〕至治三年：即一三二三年。至治，元英宗碩德八剌年號。

〔六〕泰定元年：即一三二四年。泰定，元泰定帝也孫鐵木兒年號。

〔七〕至順元年：即一三三〇年。至順，元文宗圖帖睦爾年號。

〔八〕至正十九年：即一三五九年。

〔九〕弘治二年：即一四八九年。弘治，明孝宗朱祐樘年號。

〔一〇〕嘉靖十五年：即一五三六年。

〔一一〕三十六年：即嘉靖三十六年，一五五七年。

〔一二〕隆慶六年：即一五七二年。隆慶，明穆宗朱載垕年號。

〔一三〕萬曆十年：即一五八二年。

〔一四〕十四年：即萬曆十四年，一五八六年。

〔一五〕十八年：即明萬曆十八年，一五九〇年。

〔一六〕三十二年：即萬曆三十二年，一六〇四年。

〔一七〕康熙十八年：即一六七九年。

〔一八〕三十八年：即康熙三十八年，一六九九年。

〔一九〕雍正十一年：即一七三三年。

〔二〇〕乾隆二年：即一七三七年。

〔二一〕十六年：即乾隆十六年，一七五一年。

〔二二〕三十五年：即乾隆三十五年，一七七〇年。

〔二三〕四十五年：即乾隆四十五年，一七八〇年。

〔二四〕嘉慶六年：即一八〇一年。

〔二五〕道光三年：即一八二三年。

## 【校註札記】

〔一〕「泰定元年」句：今據首圖本，在「泰定元年」後補「漷州水」三字。

〔二〕「至正十九年，漷飛蝗食禾稼」句：張寫本無此句，應是脱漏，今據《通州志》及首圖本録補。至順元年和至正十九年的蝗災的災情應該不一樣，前者衹是有災，而後者嚴重到「人民相食」。

# 逸事

明洪武初，有道士雲游至滦，頗言休咎〔一〕有驗。邑士人張聰〔二〕與之游。嘗渡水無舟，道士命聰閉目，不覺而渡。聰問己何時登第，道士曰：葫蘆架上開蓮花，是其時也。聰自揣必無售〔三〕（現）［理］。永樂九年夏，大雨。水泛溢平地，深數尺，聰后圃葫蘆架上漂藕一節，忽生蓮花，［聰］見而喜。是年，果中式〔四〕成進士。〔一〕今稱其地爲仙莊，在滦（四）〔西〕十五里。或曰道士即張三豐〔五〕。

萬曆四年〔六〕春，滦縣新修明倫堂〔七〕成，柱上生靈芝四，如盤口大，俱以爲祥。訓導〔八〕（刑）〔邢〕邦直書祥兆元魁四大字於壁。是年，適鄉試〔九〕，邑士張祥〔一〇〕中式。俱見《張氏家録》。

李偉者，其先山西平陽〔一一〕人，自明成祖時從軍，（人）〔入〕燕占籍滦［之］永（之）樂店。兒時有羽士〔一二〕過門，驚語人曰：偉哉，此兒。父喜，因命名曰偉。嘉靖中，夢空中五色雕輦〔一三〕，旌幢〔一四〕、鼓吹導之下寢所，已而生女。女即穆宗〔一五〕妃，神宗〔一六〕生母也〔二〕。庚戌〔一七〕携家入京，居數歲，以良家子選入裕邸〔一八〕。癸亥〔一九〕，神宗生。丁卯〔二〇〕，穆宗隆慶改元，進位貴妃，授父偉都督同知。壬申〔二一〕，神宗嗣位，尊妃爲慈聖皇太后。晋偉爲武清侯。太后（葉）〔教〕帝極嚴。萬曆六年〔二二〕戊寅，上將大婚，太后諭曰：官家〔二三〕婚禮將成，我當還慈寧宫〔二四〕矣。第〔二五〕動静飲食不得聞見、訓誨，爲憂慮耳。當思此身爲天地神人之主，所繫非輕，務節飲食、慎起居，依從老成人勸諫，不可溺愛袵席〔二六〕、任用非人，以貽我憂。又因父兄禄位侈盛，懷滿盈之懼，特手書謙謹持盈四字，（俾）〔俾〕〔二七〕懸堂額以爲戒，兼能約束父家。以（欣）〔故〕，偉益畏慎。上嘗詔修慈寧宫，張居正〔二八〕諫。上入告，太后悦而（曰能）〔罷〕之。三十五年〔二九〕丁未，上命作景命殿萬壽閣於永樂里，爲太后祈福。又出内帑修滘縣文廟，培育人才。四十二年〔三〇〕，崩，年六十有九，謚曰孝定貞（誠）〔純〕欽仁端肅弼天祚聖皇太后。偉萬曆十一年〔三一〕卒。贈安國公，謚莊簡。長子全襲侯爵。全歿，孫銘誠襲伯爵。誠有才名，天啓〔三二〕末，〔頌〕魏忠（忠）賢〔三三〕功德建祠，曰鴻勛。莊烈帝〔三四〕〔定〕逆案，誠幸免。見《通州志》。

滘濱運河，地半〔沙〕鹼，收獲極薄，間有膏沃之地，多係皇親駙馬〔三五〕莊田。正德〔三六〕間又被權（責）〔貴〕侵占數多，小民因地窄差煩，逃（逃）竄流亡，不復歸業。狡（狷）

〔猾〕者投補力士、將軍、旗校[三七]、軍匠，不惟自避差役，抑且贍免户丁。以致民日益貧，差日益重。嘉靖初，長垣[三八]胡（淀）〔錠〕[三九]撰《漷縣減差碑記》，載有昔人（悼）〔咏〕漷縣詩，極言民俗之困，則漷邑疲憊非朝夕之故矣。參蔣一葵《長安客話》。

明無名氏《悼漷縣》詩：孤城斗（火）〔大〕古荒臺，墻堞齊腰土霧埋。全里地無方寸（葉）〔業〕，一人身占兩三差。幽墳已草名留（藉）〔籍〕，照户添丁（歸）〔婦〕未胎[四]。游釜[四〇]困鱗終作腐，此情誰肯達金階[四一]？

漷縣自前明以來，叠遭水患，且兵燹頻仍，城之内外凡名藍[四二]古刹，皆蕩爲丘墟。余每見城（湟）〔隍〕積潦之中，大小石幢縱横，俱周刻梵字佛經，蓋皆遼及金元之故物。又，永樂店關（北）〔壯〕繆廟，有巨銅鐘一口，上鎸尊勝[四三]、準提[四四]等經咒，銅質瑩潔如新，楷法亦謹嚴可喜。惜鑄造年月近於廡壁，不能拭讀，其爲慈聖捨鑄無疑。

京師諺語云：南京沈萬山[四五]，北京大柳樹，人怕出名，樹怕風聲。考漷縣之南村莊，有地名大柳樹者。土人云，村古有柳，爲近京第一巨（村）〔材〕。後爲大風所折。聞乾隆中尚存空一截，兒童戲匿其中，十餘人尚寬（淖）〔綽〕有餘，則其垂（蕯）〔蔭〕時可想見矣。始信俗諺之必有本也。

南皮[四六]張孝廉景運[四七]云：余始祖遷自漷縣，占籍南皮，故祖墓在馬墓旁，有土地祠，其檐下磚有二足跟〔印〕，深寸餘，蓋二世祖某少時讀書之處。每（吟）〔吟〕諷於檐，立必於二磚，百不失一。研摩日深，（客）〔容〕〔四八〕然成痕。卒以成化〔四九〕丙子〔五〕孝廉起家，仕爲兩淮運副〔五〇〕。先人攻苦精專，洵〔五一〕不可及。見《浮槎山人筆記》。

《灤陽銷夏録》〔五二〕〔六〕云：姚安公〔五三〕官刑部［一］（曰）〔日〕，德勝門外有七人行劫，就捕者五矣，惟王五、金大牙二人未獲。王五（巡）〔逃〕至灤縣，路阻深溝，惟小橋可通一人。有（建）〔健〕牛怒目當道卧，近輒奮觸。退覓別途，乃猝與邏者遇。金大牙逃至清河橋北，有牧童驅二牛，擠撲泥中，怒而角鬥。清河去京近，有識者（者）告里胥〔五四〕，縛送官。二人皆回民，皆業屠牛，而皆以牛敗。

庭芬《冬日灤縣署中感賦四律》附：捲地黄沙路未分，平原莽莽望無垠。寒生曉霧粘輕雪，冷逼晴烟化薄雲。冰合狐狸先印迹，草枯牛馬尚成群。寂寥即是思鄉海，一片笳聲不忍聞。　側身何處認鄉關？灤水南流繞曲灣。古堠〔五五〕荒凉迷遠樹，廢城殘缺補遥山。頻添旅夢魚書杳，絶少梅花驛使間。昏月半鈎當屋挂，深閨同是憶刀環〔五六〕。　單車出谷暫徘徊，豁達虚將眼界開。鷹掠平臺殘雪後，駝鳴廣漠大風來。無窮暮色空涵影，一片雄心未肯灰。到此每生投（争）〔筆〕志，側身西望凱歌回。附新疆回（驚）〔警〕已（清）〔靖〕，蓼（吟）〔吟〕兄奉（椽）〔檄〕至別山鎮，辨理凱旋差。兄弟相依即主賓，足音空谷寂無人。茅齋枯坐清於鶴，土炕橫眠暖似春。有恨終難消（渴）〔濁〕酒[七]，出門初試作勞薪。鼕鼕臘〔鼓〕催晨夕，辜負年華又欲新。

又《自漷縣至潞河訪然燈古塔》詩附：古迹猶存然燈佛，磚塔玲瓏雲氣拂。十三危級扶碧空，夜深舍利毫光紅。蓮座堅承土花紫，秀影遠沉白河水。罡風捲起鳴鐘鈴，野鴿不飛烟冥冥。泮宮朗喜卓文筆，寫破鴻荒〔先〕畫一。法輪無恙千秋峙，難覓彥升貫鉄矢。　案：塔在潞河北門内，以巨磚堅砌，人不能登。《通州志》云：然燈古佛舍利塔，相傳宇文周時建。唐貞觀十七年，尉遲敬德修，塔頂有鉄矢一，世傳金將楊彥升所射，以代獨存。每天氣清朗，則塔影垂映於白河中。河去州五里許，而奇異如此。元至德間，篤烈圖述再修。明成化間，州訓導楊明有重修舍利塔，記塔頂藏舍利數百粒，如小米，淡黃微紅，瑩澈如珠。又佛牙一，長三寸許。康熙十八年，地震，塔圮，舍利、佛牙俱墜地，人皆見之，（乞）〔存〕勝教寺中。知州吴存（之）禮（損）〔捐〕（摹）〔募〕重修，仍置其上云。

【註　解】

〔一〕休咎：吉凶，善惡。

〔二〕張聰：明永樂十三年（一四一五）乙未科三甲進士。

〔三〕售：賣出去。這裏引爲「實現」之意。

〔四〕中式：指科舉考試被録取，科舉考試合格。

〔五〕張三豐：元末明初武當山的道人，名君寶，號三豐，道教武當派始祖，後在民間傳説中成爲神人。

〔六〕萬曆四年：即一五七六年。

〔七〕明倫堂：古代文廟、太學、學宫的正殿名稱。

〔八〕訓導：古代文職官名，輔佐州縣長官，負責教育方面的事務。

〔九〕鄉試：古代科舉考試之一，由各地州府主持考試本地人。明清爲每三年一次，在省城舉行，中式後稱舉人。

〔一〇〕張祥：字夢麟，號魯郊，溽人，明萬曆四年舉人，做過山西壺關知縣、原武知縣，有政聲。

〔一一〕平陽：即明代山西的平陽府，元爲晋寧路，今山西臨汾、運城一帶。

〔一二〕羽士：即道士。

〔一三〕雕輦：飾有華美浮雕和彩繪的車輛。

〔一四〕旌幢：這裏指儀仗中的彩旗飄帶。

〔一五〕穆宗：明朝第十二代皇帝朱載垕的廟號，年號隆慶，在位六年。

〔一六〕神宗：明朝第十三代皇帝朱翊鈞的廟號，年號萬曆，在位四十七年。

〔一七〕庚戌：即明嘉靖二十九年，一五五〇年。

〔一八〕裕邸：明穆宗爲裕王時所住的府邸稱爲裕邸。

〔一九〕癸亥：即明嘉靖四十二年，一五六三年。

〔二〇〕丁卯：即明隆慶元年，一五六七年。

〔二一〕壬申：即明隆慶六年，一五七二年。

〔二二〕萬曆六年：即一五七八年。

〔二三〕官家：古人對皇帝的尊稱。

〔二四〕慈寧宫：明清兩代皇宫裏太后居住的宫殿，始建於明嘉靖十五年（一五三六）。

〔二五〕第：這裏是副詞，但。

〔二六〕衽席：泛指卧席，這裏也暗喻男女色欲之事。

〔二七〕俾：使。

〔二八〕張居正：字叔大，號太岳，湖北江陵人。明朝中後期政治家，隆慶六年（一五七二），幼年的神宗朱翊鈞登基，在李太后支持下，張居正作爲内閣首輔，實行了一系列改革措施，史稱「萬曆新政」。

〔二九〕三十五年：即明萬曆三十五年，一六〇七年。

〔三〇〕四十二年：即明萬曆四十二年，一六一四年。

〔三一〕萬曆十一年：即一五八三年。

〔三二〕天啓：明熹宗朱由校年號，一六二一至一六二七年。

〔三三〕魏忠賢：明朝末期宦官。原名李進忠，直隸肅寧人，任秉筆太監，皇帝賜名魏忠賢。他在熹宗時極受寵信，被稱爲「九千歲」，明思宗即位後自殺並被翦除餘黨。

〔三四〕莊烈帝：即明思宗朱由檢，年號崇禎，謚號簡稱莊烈。

〔三五〕駙馬：古代帝王女婿的稱謂。

〔三六〕正德：明武宗朱厚照年號，即一五〇六至一五二一年。

〔三七〕旗校：明朝旗軍的校官，這裏指軍隊的大小官員。

〔三八〕長垣：在豫東北地區，秦朝設郡縣，改長邑爲長垣縣。明代屬大名府開城，清代屬直隸大名府。

〔三九〕胡錠：明代長垣人，弘治十二年（一四九九）進士，官至工部左侍郎。

〔四〇〕釜：古代一種炊器，或陶或銅、鐵制，圓底斂口，可用於蒸煮食物。

〔四一〕金階：指帝王宮殿臺階，也是朝廷的代稱。

〔四二〕名藍：即名寺。藍，伽藍，寺院。

〔四三〕尊勝：即尊勝佛母，主長壽及净障的女本尊。據雲念誦尊勝佛母心咒千遍，可延壽、除障。

〔四四〕準提：佛教中金剛藏菩薩，是釋迦牟尼的化身。據説持誦準提咒觀自身若釋迦牟尼如來法相。

〔四五〕沈萬山：即沈萬三，元末明初的江南第一富家，因而被明太祖朱元璋忌恨，曾出款修建南京外城。

〔四六〕南皮：河北滄州轄縣，早年因築城制皮革而名。北宋時屬河北東路滄州，明代屬河間府滄州。

〔四七〕張景運：後名張太復，字静旗，號春岩，别號秋坪，直隸南皮（今屬河北省）人。清乾隆四十二年（一七七七）拔貢生，官浙江太平知縣，改遷安教諭。張博學工詞，間作小畫，著有《因樹山房詩抄》《秋坪新語》等。

〔四八〕窅：同「凹」，下陷也。

〔四九〕成化：明憲宗朱見深年號，一四六五至一四八七年。

〔五〇〕兩淮運副：清代在揚州設兩淮都轉鹽運使司。長官爲都轉鹽運使，其屬官有運同（同知）、運副、運判等職。

〔五一〕洵：確實的意思。

〔五二〕《灤陽銷夏録》：清代紀昀（紀曉嵐）《閲微草堂筆記》的第一部分。灤陽即承德，内容多是狐妖鬼怪、奇談异聞。

〔五三〕姚安公：紀昀之父，名容舒，字遲叟，清康熙五十二年恩科舉人，曾供職刑部。因做過雲南姚安知府，故名。

〔五四〕里胥：管理鄉間事務的公差。

〔五五〕堠：土堡或土堆。

〔五六〕刀環：刀頭上的環，隱喻「歸還」之意。

## 【校註札記】

〔一〕［永樂九年夏……是年，（張聰）果中式成進士］句：依張寫本所記，張聰應永樂九年中式進士，《千年古鎮瀏縣》

附表《金皇統至清順治間漷縣文武科第及五貢表》中，張聰進士及第是永樂十年。查《明清各科舉殿試金榜（進士）名録》（簡稱《名録》），網絡資料，廣東海豐劉世高等編纂），「永樂十三年（一四一五）乙未科殿試金榜第三甲賜同進士出身」共二五三名，張聰是第七十五名（未見古籍原文）。爲驗證，查《明史·成祖本紀》記載「（永樂）十三年，甲戌，命行在禮部會試天下貢士。三月乙亥。策士於北京，賜陳循等進士及第、出身有差」。在《名録》中，乙未科第一甲賜進士及第共三名，即陳循、李貞、陳景著。與《明史》記録一致。因而可説明《名録》是準確的，張聰中式進士確是永樂十三年。

［二］「女即穆宗妃，神宗生母也」句：即李太后（一五四五—一六一四），明代通州漷縣永樂里（今永樂店）人。自幼聰慧機敏，善於記憶，尤其喜好書法，且有一定功力。嘉靖二十九年（一五五〇），蒙古俺答部劫掠通州，她隨父李偉到北京避難。四十年（一五六一），以良家女子入選爲裕王朱載垕妃。次年生子即萬曆帝朱翊鈞。嘉靖帝死後，裕王登基，隆慶元年（一五六七）晉位貴妃。六年（一五七二），太子朱翊鈞十歲即位，尊生母爲慈聖皇太后。萬曆四十二年（一六一四）二月，李太后崩，謚號爲孝定貞純欽仁端肅弼天祚聖皇太后。

［三］「太后教帝極嚴」句：張寫本爲「太后葉帝極嚴」，今從首圖本改。

［四］「照户添丁婦未胎」句：張寫本與首圖本均作「歸未胎」，今據《長安客話》改之。另，此前「漷濱運河」段落文字的錯漏處，亦據其改。

［五］「卒以成化丙子」句：明成化年間爲公元一四六五年至一四八七年，期間没有丙子，但有丙午（一四八六）。

［六］［《灤陽銷夏録》］句：清乾隆末年，紀昀（一七二四—一八〇五）《灤陽銷夏録》六卷、《如是我聞》四卷、《槐西雜志》四卷、《姑妄聽之》四卷、《灤陽續録》六卷先後問世，至嘉慶五年（一八〇〇），由其弟子盛時彦合刻爲《閲微草堂筆記》。其中《灤陽銷夏録》是他在承德（灤陽）編纂《四庫全書》時，趁閑暇追録過去見聞而成。

［七］［有根終難消濁酒］句：首圖本此句爲「有根終消濁酒□」。

［八］［自漷縣至潞河訪然燈古塔］句：此詩及「案」所述系通州景致，不在漷陰範圍。根據地方志「越界不書」之規，祇是標點並照録，不作詳細校註，特説明。

# 書漷陰志略後

余自庚寅之秋，擬應京兆試，束裝北游，即寓於從(元)〔兄〕蓼(吟)〔吟〕漷縣署中。暇日策蹇〔二〕河堤，考神潛之故宫，詢但〔一〕其地平原莽莽，沙磧無山，荒凉不異塞外。景命之廢殿，惟故老指示其處，憑吊荒墟，徒增感慨耳。

聞明萬曆間修有邑乘，(編)〔遍〕爲訪求，欲詳今昔之利病，而漷無收藏者。於是讀《畿輔通志》諸書，稍得其涯略，凡引舊文，悉爲甄録。復假〔三〕秀水〔四〕汪芝楣(詳)〔評〕事京邸(携)〔藏〕書，潛心尋繹。並漷士徐茂才〔五〕文奎、晋陽〔六〕趙上舍〔七〕德寅所述近事，皆筆而存之。雖挂漏殊多，姑依類編爲一卷。

夫字書〔八〕繞郭而流爲漷，故名其邑，今雖河流改道，而陳迹尚可追尋。《志》稱漷爲泉州故疆，爲(浄)〔漁〕陽之南鄙。如春秋襄公十九年〔九〕取邾〔一〇〕及漷水，則當在齊魯之交，似不(陳)〔涉〕於燕趙間，則又當存疑矣。〔一一〕今州判兼理村莊僅四十有八，較明之舊境，甫得三之一區。至張家灣里二泗，賦役已入通州，因密邇漷城，亦附存之，以備參考。

竊聞采風問俗，乃大夫出使之事也，而非予所得專，至履其地而志其土風，亦士者之所不廢。但志中官司〔十二〕、選舉〔十三〕等門尚未屬稿，故以「略」稱之。時因倚閭心切，刻日南轅，未遑更從事於斯，惟俟後之好古君子涉斯土者，綜而成之，則有厚幸焉。時辛卯仲秋六日。海昌管庭芬書。

【註解】

〔一〕但：祇，僅，不過。

〔二〕策蹇：策，鞭打；蹇，行動遲緩，特指劣馬、驢。

〔三〕假：借。

〔四〕秀水：地名，具體不詳。

〔五〕茂才：即秀才，東漢時爲避光武帝劉秀的名諱而改。明清時入府州縣學的生員也被稱作秀才或茂才。

〔六〕晉陽：古代地名，約今山西省太原一帶。

〔七〕上舍：「上舍生」的簡稱，即監生。

〔八〕字書：指《說文解字》《爾雅》一類的文字工具書。

〔九〕 襄公十九年：即春秋魯襄公十九年，前五五四年。

〔一〇〕 邾：邾國，西周時期魯國的附屬國，在今山東省鄒城境内。

〔一一〕 密邇：指在地理上距離很接近。

〔一二〕 官司：這裏是指官府，城邑的管理機構。

〔一三〕 選舉：古代是指從民間選拔賢能之人，或考試或推薦，獲得任官的資格。

## 【校註札記】

〔一〕 「如《春秋》襄公十九年取邾及漷水，則當在齊魯之交，似不涉於燕趙間，則又當存疑矣」句：《左傳》載：（魯襄公）十九年春，諸侯還自沂上，盟於督揚，曰：「大毋侵小。」執邾悼公，以其伐我故，遂次（駐紮）於泗上，疆（畫界）我田。取邾田，自漷水歸之於我。這段文字的大意是：十九年春，諸侯從沂水河歸來，在督揚（祝柯，即今山東歷城縣）結盟，説：「大國不侵犯小國。」抓獲了邾悼公，是因爲他征伐魯國的緣故，隨後駐扎在泗水河邊，劃定我國邊界。取得邾國田土，從漷水以西歸於我國。這個可能是關於「漷」的較早文字記載，但這個「漷」應該是與漷陰無關。管庭芬也説：「當在齊魯之交，似不涉於燕趙間。」可他又云「繞郭而流爲漷，故名其邑」，這似乎説得不全面。據《遼史·地理志》載「漷陰縣，本漢泉山（州）之霍村鎮。遼每季春，弋獵於延芳淀，居民成邑，就城故漷陰鎮，後改爲縣」。恰霍、漷同音，加之有水繞霍村而流，因而有了漷陰縣、漷州、漷縣、漷陰等地理名稱，並一直保留至今。

# 參考書目

後漢書　中華書局校點本
遼史　中華書局校點本、修訂本
金史　中華書局校點本
元史　中華書局校點本
明史　中華書局校點本
清史稿　中華書局校點本
長安客話　（明）蔣一葵　著
帝京景物略　（明）劉侗、于奕正　著
日下舊聞考　（清）于敏中等　編纂
〔康熙〕大興縣志　（清）張茂節　修

〔乾隆〕通州志 （清）高天鳳 修

〔光緒〕通州志 （清）英良、高建勛 修

畿輔人物志 （清）孫承澤 著

畿輔人物考 （清）孫奇逢 著

光緒昌平州志 （清）繆荃孫、劉萬源等 纂修

昌平山水記 （清）顧炎武 著

光緒順天府志 （清）周家楣、繆荃孫等 編纂

天咫偶聞 （清）震鈞 著

〔永樂〕順天府志 （清）繆荃孫 抄 北京大學出版社一九八三年版

遼史叢考 傅樂焕 著 中華書局一九八四年版

二十五史河渠志註釋 周魁一等 註釋 中國書店一九九〇年版

王燦熾史志論文集 王燦熾 著 北京燕山出版社一九九一年版

明代漕河之整治與管理 蔡泰彬 撰 臺灣商務印書館一九九二年版

中國歷史年代簡表 文物出版社一九九四年版

燕都古籍考　王燦熾　著　京華出版社一九九五年版

中國歷代政區沿革　本書編寫組　河北教育出版社一九九六年版

水經註校釋　陳橋驛　校釋　杭州大學出版社一九九九年版

中國歷代帝王年號手册　陳　光　主編　北京燕山出版社二〇〇〇年版

遼史地理志滙釋　張修桂等　編著　安徽教育出版社二〇〇一年版

北京郊區村落發展史　尹鈞科　著　北京大學出版社二〇〇一年版

民國通縣志稿　通州區史志辦公室整理刊印二〇〇二年

經史説略　二十五史説略　北京燕山出版社二〇〇二年版

通縣志　通州區地方志編纂委員會　北京出版社二〇〇三年版

京水名橋　段天順、王同禎　著　北京美術攝影出版社二〇〇三年版

北京漕運和倉場　于德源　著　同心出版社二〇〇四年版

薊門集　北京建都八五〇周年論文集　北京燕山出版社二〇〇五年版

千年古鎮漷縣　通州區政協等　編　團結出版社二〇一二年版

契丹國志　（宋）葉隆禮　撰　中華書局二〇一四年版

# 附録一

## 漷縣奉敕重建記

［明］岳正撰

漷，畿縣，附京師不百里，永樂初置九屯，募致徙者。後薦沴，相繼亡去，繼今屯遺十餘家。土著之民不滿千户，爲之代輸，田疏鹵，耕費而寡穫。當南北水陸之會，小有力者不業本，輒事挽載以逐利。婦女盲於蠶織，但饋饁以佐夫男。加役重賦穰，官吏因之以漁獵。故邑無郛郭肆市，小大公宇，圮毁湫穢，蕩如村墟。郊民棚土芟茅，以逃風日。俗使氣仗節，有怨報訐，不爲死慴，遠近傳爲配地。選人得除目，即抑首悵然，賀者匪慰則唁。雖吾土人亦自陋，無敢舉以誇詡他邑者。

天順初，吾得罪西戍，吾伯氏以書報曰：「邑喜得大夫，甚賢而才。」比吾賜還，已四閲歲。始入吾境，則户有園圃，屋有瓦甓，積有庾廥，畜有孳牲，婦女老稚，衣被鮮澤。既入吾郊，則貿易有集，溝滏有梁，巡院、邑治、學宫，棲神之祠，崇祀之所，有殿廡，有廳堂，有廂齋、舍館、壇臺，重有倉庫，微有庖湢，或崇而隆，或敞而明，或閎麗而華靚，雄規傑制，炳然一新。且復興於廢，易陋爲壯，何爲而然也？詢諸父老，曰：「由吾大夫賈侯也。

「侯之始至，實恤吾民，均徭役，課樹藝，誅游手，禁浮費，攻苦食淡，以身先之。曾不二年，弱者以健，踣者以起，强梁者斂避，而貪併者縮朒。侯度吾民之知方而可使也，東西道窪，潴潦没馬，試坎而杠之，應者如赴，數日告成。於是旋圖繕營，若薪，若甓，若木，若石，若磚，若灰堊釘鐵丹漆，若工之價，役之餼，皆以方略致之。既具，上聞，詔曰：『可。』天順五年辛巳正月經始，明年五月，公宇成，十月，巡院成，又明年，城隍廟成，又明年七月，學宫成，凡爲屋大小者千有餘柱。

「滁，故州也，殘之兵燹，同知州事錢唐楊思賢氏初草具之。洪武丙戌，降而稱縣，逮今百年，其弊宜矣。兹以甚困之邑，欲成巨麗之觀，不資財於公，不藉力於私，而吾久罷方甦之民，如醉醒寐覺，坐視厥就，若吾大夫之嘉惠吾滁，爲吾滁人者，宜何如其報可耶！其意大夫之政，已爲御史所舉，吾君知之，吾相知之，當有旌擢之褒矣。儻逸駕莫攀，深仁何徯？子能辭而記之，使嗣吾大夫者，如吾大夫之用心，豈惟是功也得以時葺而不壞，將滁之人亦因是而有所永賴哉！」噫！父老之言是也。況吾亦滁人，其能忘情乎！

大夫名貞，字子固，其先世居淮陽，先君子宦於莒幕，今爲莒人。當時相成大夫之志者，則有若主簿光州楊先、陽谷張傑、典史維揚顔鏡、邑大夫士某某，並列之碑陰。

【説　明】

《漷縣奉敕重建記》作者岳正，漷人，明英宗朝官員。此文録自岳氏所著《類博稿》（影印文淵閣四庫全書本），文中没有提到撰寫時間，根據所提「天順五年辛巳正月經始，明年五月公宇成，十月巡院成，又明年，城隍廟成，又明年七月，學宫成」看，撰寫時間似乎在明天順八年（一四六四）之後，而岳正是天順四年被赦返鄉的，八年官復原職。此文參考《光緒順天府志》載文標點，兩文個别文字有所不同，未據改。文中有二處時間有誤，「永樂初置九屯」應爲洪武初，「洪武丙戌，降而稱縣」應爲庚戌，均見前述。

# 附録二

## 滎縣重修學宮記

［明］董方　撰

郡舊有學宮，在河西務。洪武四年，同知州事楊思賢始遷於縣治西北，規制儉陋，歲久滋敝。永樂間教諭楊溥、正統間邑令王文先后修葺，僅支其攲仄、補其敝壞而已。天順間，淮揚賈侯子固來宰兹邑，莅政之始，偕群僚謁文廟，顧棟撓榱折，墁剥級夷，慨然太息曰：「兹邑距神都不數舍，而學宮敝陋如此，曷以祗德意而宣聖化也！吾爲縣宰，有師帥之責，不亟圖之，其將焉從事！」於是教諭羅恭，訓導胡正、張誠，暨諸生賈正、韓登、張嵩、葉林等合詞贊之。侯乃諏於主簿張傑、典史顔鏡，相與協謀，市材木，鳩工徒，陶土爲甓，冶鐵爲釘，煉灰爲堊，卜日而興役焉。中爲大成殿，翼以兩廡；後爲明倫堂，夾以兩齋。殿之前爲欞星門，儲粟有廪，會饌有堂，教諭、訓導有廨，庖湢庫庾，以序而作，又建文昌祠於學宮之左。或因其舊而修之，或撤其腐而新之，合之爲屋凡若干楹，砌以堅甓，繞以崇墉，圬以素堊，其吏勤，其工善，其執役者勸。經始天順八年二月，落成於明年四月，棟宇翬飛，藻繪炳煥，觀者以爲自有縣以來未之有也。縣之耆俊，學之師生，走書京師，屬余記其成績。

予思夫學校者，人材所由出，而風俗所由美也。自古聖帝明王，莫不以興學爲要務，而所謂良有司者，亦汲汲於兹，而不敢後。灤邇京師，聖化之所首洽，而學宫頽敝，使來游者病焉。今天幸惠賢侯，一新其制，庶吾灤之士，陞於廟，巍然儼然，有以動其景仰之思；退於學，輪焉奂焉，有以勸其進修之功，其嘉惠吾邦者厚矣。繼自今後生俊茂學於此者，習俎豆而講詩書，以蹈前修之迹，在家則祇躬飭行，有端良之譽，在邦則奮庸熙載，爲忠亮之臣，休風所被，美俗興焉，斯無負賢侯建學之意矣。不然，飽食逸居而不知所以學，以致泯泯無聞，與凡氓同歸，則非吾所敢知也。故道賈侯興學養士之意，以告邑之俊造，復係之以詩，詩曰：

瞻彼灤陰，泮宫翼翼。孰作新之？賈侯之績。惟此泮宫，肇自古先。既敝而葺，有葉有年。
侯來莅止，祇謁廟學。顧瞻咨嗟，亟圖改作。乃畚方夆，乃經乃營。峻宇矗峙，崇墉崛興。
自堂徂門，自廡迄庫。有屹有嚴，罔浮於度。泮宫告成，釋奠於庭。我牲孔碩，我酒斯馨。
侯陞於堂，考藝勸德。左右師儒，其儀抑抑。青青子衿，頌侯之休。豈弟君子，文翁是儔。

侯曰來汝，式聽余訓。惟學是力，惟行是慎。士拜稽首，服侯之德。朝斯夕斯，時靡敢忒。有堅惟石，載礲載鐫。侯之休聞，千萬斯年。成化元年冬月。

【説　明】

董方，明代漷人，進士出身，官至刑部尚書。舊志載，天順八年，漷縣知縣賈貞修學宮，董方撰碑記。此記自《光緒順天府志》（北京古籍出版社版）抄録，並與《乾隆通州志》核校，個別文字據以校改。如《府志》中的「冷鐵爲釗」，據《州志》改爲「冶鐵爲釘」，等等。

# 附録三

## 溹縣志序

[明] 聶啓元　撰

夫志以紀事，非以炫奇采、倡游言也。古者，列國有史，即今所謂志，蓋用以彰往鏡來，一邑之政令事實悉備焉，可遂缺乎。余邑素乏志，自鄉先達大司寇董公曾一編集，未就而董公没，原稿逸失。每觀風者至，考索邑事，無由睹照。曩不肖爲邑諸生，與全椒尹徐君玠，原武尹張君祥曾兩創稿，因循歲月，又各以先後登仕籍，莫克就緒，每爲惜之。欽惟我皇明聖神御極，撫有寰宇，彝章鉅典，在在昭布森列，若畿内郡邑，志罔弗備，獨吾溹附近都邑，自國初迄今二百三十餘年，文獻無徵，何其陋哉！萬曆壬辰，先任邑侯武鄉魏公曾屬不肖編摩。公三晋人豪，文尚簡潔，自出體裁，所敷陳時政，多不見采，更隨意嚴削，今志尚存，不可稽也。惟我邑侯春谷艾公來莅兹土，庶政修明，綱維畢舉，士敦實行，民安故業，足稱循良之治。政務稍暇，取邑志披覽察覈，因病其略也，且時務種種未備，如錢糧經費，滍民膏脂命力在是，毫無統紀，他可知矣。以故慨然重修，謂不肖與莊浪尹李養齋先志共事者，遂屬取舊草清録，再爲釐正，間附新聞，逐一參訂，草成，謁公翦裁。公虛懷容善，一一斤正，不一月，而志之是非體裁評品精確，果與舊章迥異。仍出示不肖，與養齋復加校閲，此固公不足之盛心也，更命不肖爲之序。不肖退而撫卷太息曰：「嗟嗟！吾滍在昔弗振非一日矣，矧文獻無徵乎？」昔周禮在魯，孔子思從，謂足以裨周道之隆。及答魯君問政，以人存政舉爲足，以大經常之典。蓋化非政不宣，政非人不行，人非存則實無以基政治而衍宏化。今幸我文侯賢明在位，政績懋著，民物更新，庶乎人存政舉，化與政隆，且鋭意典則，留神邑志，將以備觀省而昭鑑戒，中所條析，鑿鑿井井，一邑之章程，法守備具，公之用心亦勤矣。不肖緣念吾滍蕞爾小邑，故實艱繁，地呈簡陋而路當衝劇，水陸供應之需，百務加增之擾，舉經費一節，與往歲水旱災傷，致夏秋逋負督徵完課，窮民無告甚矣。所願仁慈惠愛大人君子，援斯民之困憊，振士習之頹靡，特爲矜恤，自是按籍考政，綱舉目修，酌緩急而措時宜，審因革而懷永圖，磨礱吏治，激勵章縫，弊絶利興，化行俗美，此志之修也，而豈徒哉！不肖對揚鴻休，昭示罔極，瑣瑣微名，竊以不朽。先達董公及徐、張二君有知，亦必感恩舒憤於冥漠矣。敢備序巔末，以復成命。

萬曆庚戌，前河南長葛縣知縣邑人龍川聶啓元序

## 【説　明】

聶啓元，字含春，號龍川，明代漷縣人，嘉靖年間貢生。聶爲諸生時即參與縣志編纂，後因授河南長葛知縣而輟。萬曆三十五年（一六〇七）艾友芝知漷縣，後請居家的聶啓元等人協力，啓動重修縣志，又延聶撰序。雖然這部縣志已佚，但仍有聶序及一些縣志資料保留了下來。據《光緒通州志·凡例》載：「漷縣事迹出明漷令艾公舊志，兹於卷端録漷志舊序，志所自也。」本文録自《光緒通州志》之《舊志序跋》部分，並參照王燦熾先生的《漷縣方志考略》句讀。

# 附録四

## 復漷縣議

［清］震鈞　撰

丁亥之春，于役通州，過廢漷縣。其邑聚不及三百家，且貧困者多。地復卑濕近河，多水患。昔人廢之不爲無見，然頗怪其不知廢之害也。蓋是邑也，北去通州五十里，南鄙八十里，州吏視之幾如絶域。邑既廢，以州判主之，權極輕，例不受民詞。民有納租、投牒，往往訴於州，一日不得返。裹糧賃廡之資，其用倍奢。往往殺人，土豪私自決之，不復聞於官，官亦無從糾詰。以故漷南民不知有官，不知有法。雖居近畿，如懸絶域，此害非細故也。竊以爲邑終宜復，然其故治實不足用。縣南有聚曰永樂店，百貨之所駢也。户至五六百，殷實最多。地高水不能至，北去通州五十五里，南去武清亦如之。移治於此，可云適中矣。民之納租、赴訴，不至如昔之困。去官亦近，法紀不至胥亡，因漫記此，庶后有議復之者。

## 【説　明】

此文原載（清）震鈞著《天咫偶聞》卷八《郊坰》。震鈞，滿族人，姓瓜爾佳氏，漢名唐晏。生於清咸豐七年（一八五七），卒於民國九年（一九二〇）。曾任江蘇江都知縣，後執教於京師大學堂，並任過江寧八旗學堂總辦。《天咫偶聞》成書於光緒廿九年（一九〇三）。震鈞在《復㶟縣議》文前云：「京東南㶟縣，廢於國初。余行役過之，曾考其地勢民情，究未可廢，著《復㶟縣議》。」丁亥，清光緒十三年（一八八七）。

# 附錄五

## 漷陰歷史沿革表（戰國時期至民國初年）

| 【歷史時期】 | 【上隸區划】 | 【歷史時期】 | 【上隸區划】 |
|---|---|---|---|
| 戰國燕昭王（前三一一—前二七九） | 漁陽郡 | 十六國·前趙（三一八—三二九） | 漁陽郡泉州縣 |
| 秦（前二二一—前二〇六） | 漁陽郡 | 十六國·前燕（三五二—三七〇） | 燕郡泉州縣 |
| 漢（前二〇六—二二〇） | 漁陽郡泉州縣（霍村） | 十六國·前秦（三五一—三九四） | 燕郡泉州縣 |
| 三國·魏（二二〇—二六五） | 燕國泉州縣 | 十六國·後燕（三八四—四〇九） | 燕郡泉州縣 |
| 西晉（二六五—三一七） | 燕國泉州縣 | 北魏（三八六—五三四） | 漁陽郡雍奴縣 |

| | | | |
|---|---|---|---|
| 東魏（五三四—五五〇） | 漁陽郡雍奴縣 | 寶應元年（七六二年） | 幽州武清縣 |
| 北齊（五五〇—五七七） | 漁陽郡雍奴縣 | 後梁（九〇七—九二三） | 幽州武清縣 |
| 北周（五五七—五八一） | 漁陽郡雍奴縣 | 後唐（九二三—九三六） | 幽州武清縣 |
| 隋開皇元年（五八一） | 漁陽郡雍奴縣 | 後晋（九三六—九四七） | 幽州武清縣 |
| 開皇三年（五八三） | 幽州雍奴縣 | 遼會同元年（九三八） | 幽都府武清縣 |
| 大業三年（六〇七） | 涿郡雍奴縣 | 開泰元年（一〇一二） | 析津府武清縣 |
| 唐武德元年（六一八） | 幽州雍奴縣 | 太平年間（一〇二一—一〇三一） | 析津府漷陰縣 |
| 天寶元年（七四二） | 范陽郡武清縣 | 宋宣和四年（一一二二） | 燕山府漷陰縣 |

| | |
|---|---|
| 金天會三年（一一二五） | 析津府漷陰縣 |
| 貞元元年（一一五三） | 大興府漷陰縣 |
| 元太祖十年（一二一五） | 大興府漷陰縣 |
| 至元十三年（一二七六） | 大興府漷州 |
| 明洪武元年（一三六八） | 北平府漷州 |
| 洪武十四年（一三八一） | 北平府通州漷縣 |
| 永樂元年（一四〇三） | 順天府通州漷縣 |
| 清順治十六年（一六五九） | 順天府通州 |
| 民國三年（一九一四） | 京兆特別區通縣 |

周慶良搜集整理，校註者訂補

# 附録六

## 永乐顺天府志有关漷陰资料摘録

明《永樂大典》收録《順天府（志）》共二十卷，至清末光緒年間僅存八卷，即《永樂大典》的四千六百五十卷至四千六百五十七卷，保存了《順天府（志）》七至十四的全文。時有翰林院編修繆荃孫將其鈔録，並題名《順天府志》。一九八三年四月，由北京大學出版社影印出版。由於它出自《永樂大典》，故一般稱《永樂順天府志》。書中記載部分順天府屬縣情況，遺憾是未見漷陰（漷縣）部分。其中有的縣與漷陰相鄰近，因而有些蛛絲馬迹的記載，多是地理方面，現抄録如下，以備參考。

摘文中（？）疑爲漏字，〔？〕疑爲衍文，〈？〉疑爲錯字，不作確論。

《順天府·宛平縣·山川》

《圖經志書》：桑乾河　舊名㶟河，今俗呼渾河，又名盧溝，一名小黄河，以其濁流故也。

其源出大同府馬邑縣桑乾山，經太行諸山間，由舊奉聖州二百餘里入宛平縣境，出盧溝橋下東南至看丹口，衝決漫散，遂分而爲三，其一分流往東南，從大興縣界至灤州北鄉新河店，又東北流達於通州高麗莊入白潞河……

（註：《圖經志書》，即《宛平縣圖經志書》，係《明洪武北平府圖經志書》之一部，下同）

《順天府·大興縣·至到》

《圖經志書》：……東南至灤州界水南莊四十里，自界首到灤州治四十里，共計八十里。

《元一統志》：……東南到灤州八十七里。

《順天府·大興縣·山川》

《圖經志書》：桑乾河　河自山西來，勢極迅急，至盧溝橋東南分爲三支。一支自看丹口來，分流於新河（店？），水合而達於灤州之境……

……新河水出舊（城？）西南八里，其源名夷泉。舊與桑乾河不通，自近時河流衝決看丹口北，始分一支入夷泉水合流，經南門外會洗馬溝東流，達於灤州之境，以入於白潞河。

（註：《圖經志書》，即《大興縣圖經志書》）

《順天府・永清縣・至到》

《圖經志書》：……東北至東安縣安樂村界四十里，自界首到漷州治一百一十里，共計一百五十里。

《元一統志》：……東北到漷州一百三十里。

（註：《圖經志書》即《永清縣圖經志書》）

《順天府・香河縣・建置沿革》

《圖經志書》：……元初爲大興府屬邑，至元十三年置漷州，割以來屬。洪武元年八月内附，仍隸漷州。

《大明清類天文分野之書》：……元初屬大興府，至元十二〈三？〉年置漷州〔屬？〕，割以來屬。

本朝洪武元年屬漷州，今隸北平府。

《順天府・香河縣・至到》

《圖經志書》：……西到漷州四十里。

西至漷州界楊家莊一十五里，自界首到漷州治二十五里，共四十里。

（註：《圖經志書》，即《香河縣圖經志書》）

## 《順天府·東安縣·至到》

《圖經志書》：……東至本府漷州武清縣界東張家務村一十五里。

……東北至本府漷州界東河頭村七十五里，自界首到漷州治三十五里，共計一百一十里。

《元一統志》：……東至漷州武清縣界馮家莊三十里。

東至漷州八十里。

（註：《圖經志書》，即《東安縣圖經志書》）

# 附録七

## 诗意㶟陰——《㶟陰志略》中的詩詞作品簡析

司空劍　撰

數株楊柳弄輕煙，舟泊㶟州河水邊。
牛羊散野春草短，敕勒老翁方醉眠。

——（元）吴萊《過㶟州》詩，選自《㶟陰志略·文咏》

《㶟陰志略》（以下簡稱《志略》）是清代道光年間編纂的一部地方志書，編纂者是海寧人管庭芬。古代的㶟陰所在地應是現在北京通州區㶟縣鎮附近，從遼代開始，這裏曾經被稱爲㶟陰縣、㶟州、㶟縣等，州縣的地理位置、區域大小也有所變化，直到清代順治年間，㶟縣併入通州，原縣域由通州管河州判兼理之。道光十年（一八三〇），浙江海寧人管嗣許任通州管河州判，同年他的堂弟管庭芬因事來京投奔族兄，並在㶟陰住下。管嗣許知其弟熟悉方志之學，遂委托其編纂㶟陰的地方志。管庭芬用了近一年的時間，編纂出一部志稿。因此時漷縣已併入通州，且有些要項未能收入，故名曰「志略」。

《志略》全文近萬字，除序言及後記外，正文分爲川源、城池、人物、風俗等十九個章節。管庭芬在編纂志稿時選用了三十九首前人及自己所作的詩詞，除了《文咏》一節選前人詩詞作品十四首外，其餘的庭芬十五首、他人十首作品分别在各章節。《志略》所選用詩詞基本上都是與漷陰有關的，而管庭芬在修志過程中廣泛采訪士民，走遍城鄉搞田野調查，在搜集資料時也創作了一批記述漷邑自然環境及風土人情的詩詞作品。這些詩詞恰當地用在《志略》的有關章節，一定程度上彌補了史料之不足，使讀者加深了對漷陰的自然、地理、人文、社會等方面的了解。

下面按《志略》章節的順序簡析一部分詩詞，通過這些作品來認識歷史上的漷陰，但對詩中的其他含義不作過多論及。

首先在《志略·川源》一節中選用的詩作是明朝官員、著名學者歸有光的《初發白河（二首）》：

白河流水日湯湯，直到天津接海洋。
我欲乘舟從此去，明朝便擬到家鄉。

胡風刮地起黄沙，三月長安不見花，
卻憶故鄉風景好，櫻桃初熟正還家。

歸有光，字熙甫，别號震川，江蘇昆山人。明代官員，著名學者。著有《震川先生集》等，代表作《項脊軒志》等。歸有光自幼家貧，聰穎過人，三十多歲時中舉人，但之後參加進士考試屢屢落第，直到第九次才中進士，此時是嘉靖四十四年（一五六五），他已經六十歲了。期間他每隔三年就要進京參加考試，多都是沿京杭大運河乘船進京，因而對沿途地理風光十分熟悉。嘉靖四十一年（壬戌，一五六二），歸有光第八次進京赴考，曾著《壬戌紀行》一文，記録了他來回旅程的見聞。

白河是通、漷兩地重要的河流，也是大運河重要的水源之一。《壬戌紀行》中提到：「初五日午，竟白河，溯漳、衛。白河出城外，經密雲。合大通、榆、渾諸河，在漷州東北出通州境，東南至香河界，又流入於武清，凡三百六十里，至直沽入海。《元史》言『榆、渾三河之水合流，名曰潞河』，白河亦名潞河也。」他多次買舟北上，對白河很熟悉，《志略》也引用了這些記載。通過此詩可知當時的白河水還是很豐沛的，日夜浩蕩奔流，與其他河水滙合，經直沽入渤海。而對四百多年前初春的漷邑乃至京師的氣象、物候，另一首詩則作了形象的描述。壬戌年三月，北風料峭，沙塵蔽日，雖然是春天了，南方已是花繁葉茂，可這裏的植物還没有開花散葉的迹象。漷陰在遼金時代曾經水草豐茂，遍布湖泊濕地，到了明朝，已是黄沙遍地，植被貧瘠的境况了。總之，《初發白河（二首）》抒發了作者思念家鄉，歸心似箭的心境，也客觀地記載了漷陰的自然狀况。

在《堤防》一節中，《志略》編纂者管庭芬選用了自己的兩首詩。

其一，《秋日過馬家堤》：

平沙少林木，忽擁岡巒勢。蜿蜒繞長河，雜樹互擁蔽。
境静秋日凉，微聞鳥聲細。土屋八九家，收秋趁晴霽。
大有桃源風，婦孺盡椎髻。堤脊俯水涯，葉葉蒲帆濟。
遥看塞外山，翠屏了無際。炊烟出遠村，皎如匹練曳。
怡情一縱目，消我俗塵閉。不意荒寂中，得此清凉世。

其二，《寒食散步長陵營》：

薄寒中體不成春，枉説清明物候新。
蝶翅驚霜依凍麥，桃花和雨灑輕塵。
荒荒廢堠迷沙磧，漠漠濃雲護水濱。
絶少人家作寒食，踏青何處認雕輪？

管庭芬，字培蘭，號芷湘，浙江海寧人。管庭芬諸生出身，能詩善畫，熟諳鄉邦文獻，精於方志之學。道光十年（一八三〇）九月，管庭芬辭别老母弱妻幼子，沿京杭大運河北上，於十月份抵達通州漷縣，投奔時任通州州判的堂兄管蓼吟（嗣許），寄宿其官署之中。次年十一月底離開漷縣，於道光十二年（一八三二）正月二十五日返回海寧家中。

《秋日過馬家堤》描述了漷邑秋景。作者在堤壩上觀望岸邊的景致，河邊沙灘廣闊平坦，且林木稀少（佐證志書所云「兩岸沙白，寸草不名」），從沙灘到堤壩如同丘陵起伏，樹木變得茂盛，河流蜿蜒奔流，周邊環境在秋風中顯得十分寂静，連鳥兒的叫聲都很細微。堤壩後有幾户農家正忙於秋收，盡顯一派濃濃的古樸之風，恍如進入了陶潛所描述的桃源樂土。站在大堤上俯瞰，一葉葉船帆順着河水漂去。再眺望遠處朦朧的山影，仿佛是緑色的屏障，農莊裏飄出的炊烟，被陣陣秋風吹拂，如同空中的白色飄帶。作者飽覽遠近的風光，暫時脱離了塵俗的煩惱，因而也不覺周圍的荒凉凋敝了。

另一首《寒食散步長陵營》是早春風景的記述。寒食是古代清明節前兩天，禁火三日，祇吃冷食。與南方相比，北方清明前後氣温還是比較低的。早蜕的蝴蝶伏在田壟的冬麥上，先開的桃花落滿沙塵和雨滴，沙灘上孤零零的幾個土堆，濃雲低垂遮蓋住了河岸。雖然已經快到清明節了，可寒冷的天氣讓人感覺不到春之將臨。如此的物候、氣候，艱難的生活，使人不再盼着寒食、清明這樣的春天節日，更是看不到華美轎車（雕輪）載着美女來踏青了！

從管庭芬在滎陰的日期看，前一首詩應是他剛到時寫的，祇能是從表象上認識這個地方，感覺上理想化色彩多些。而第二首是轉過年來初春的作品，他已經了解到這片土地的貧瘠凋敝，因而心情上較剛來時沉重了許多。

《衙署》一節選用了州判管嗣許的一首詩《琴餘書屋即事》：

垂垂槐蔭借西鄰，開到朱藤已餞春。
急雨欲來窗自啓，嘲人俗吏是風塵。

據《志略》記載，「道光十年，州判管嗣許重爲興修西書房，顔曰琴餘書房，爲公餘退閒之地」。此詩的前半部描述了書房的環境，槐樹枝葉遮蔭，藤蘿花開送春，寫景之後寫人——吏。這裏管嗣許借宋代徐楠《題集福院》「自慚俗吏塵埃久」的詩意，自嘲是才智凡庸的「俗吏」，如同下雨前刮進窗的風塵。漢代賈誼《治安策》云：「夫移風易俗，使天下回心而鄉道，類非俗吏之所能爲也。俗吏之所務，在於刀筆筐篋，而不知大體。」其實管嗣許並非就是「俗吏」，他在接任時滹陰是「廢城蔀屋，弦誦無聞，除防守運河外，加以馬草、官車、旗租諸役，日不遑給，小民之噢咻，不异曩時」。也曾想移風易俗，發奮問道（「欲培其本以振其氣」），然而「積重難返，恐位卑言高，徒增罪譴，心竊愧之」。非不爲矣，實不能也。祇能寫下這句「嘲人俗吏是風塵」，知難而退了。

《志略》的《寺觀》一節中選用了管庭芬的詩作三首，均是記録已經破敗的廟宇，這裡録《納涼之佑國甘泉寺》詩二首：

萬柳摇天緑染衣，一泓積水漱僧扉。
破鐘不語新苔蝕，古佛銷金野鴿肥。
宿雨乍晴平麥隴，晚烟輕揚繞蘆埼。
荒城幸有清閑境，曾說蕭家駐六飛。

長板橋頭好法龕，依稀風景似江南。
幢鎸梵字殘樵斧，壁篆蝸紋墯佛函。
衹我披襟逃酷暑，阿誰揮麈伴深譚。
定中詩意新收得，翠壓墻坳露遠嵐。

佑國寺是何時所建已不可考，據舊志載爲遼代，因寺旁有甘泉井而聞名，也是遼帝、后駐蹕之地。後久廢，元代初年寺院被修復，並留下碑文記録修復的詳情。清代乾隆四十二年（一七七七）再次修繕，管庭芬吟此詩應是道光十年（一八三〇），相隔五十三年，他描述了當時寺廟的景象：本該長鳴的大鐘破舊不響了，地上墻上都是新長的青苔；古佛像上塗金粉剥落消失了，院子裏野草繁茂叢生；石質的經幢已經被破壞，斷墻殘壁留下蝸牛的爬痕。看來破敗是無疑的了，可它曾經是風光秀美、井水甘洌、帝王青睞的佛家勝地啊！歷史上凡寺院香火旺盛之際，多是天下安定和諧、百姓安居樂業之時，一座殘破的舊廟也折射出晚清社會的頽勢。

《寺觀》另選有一篇韵文，係元人王惲所撰《漷州隆禧觀碑銘》，摘自《秋澗集》卷五十七。王惲，字仲謀，號秋澗，元代初期的朝廷重臣，先後任翰林修撰、監察御史、翰林學士等，其著述頗多。大約在元至元十三年（一二七六）漷縣陞州後，王惲應約撰寫了《大都路漷州隆禧觀銘》，結尾「仍以黄庭七言體歌以繫焉」：

道家者流玄默稱，抱持其雌無所矜。屋居火食相奉承，鳶飛戾天魚在泓。疇不若爾休其生，爰因象設心自兢。仍用善俗滋良萌，漷州維南泉故城。玉晨有庵無所營，敝廬數間僅帡幪。一旦締結三十楹，烟光粼粼萬瓦青。正自肯構今有成，要擴師授昭予誠。爲國迎祥禱上清，鑾輿歲幸實省耕。延芳春水紛霓旌，游豫何啻歌三登？千秋萬歲樂事併，道人再拜乞此銘。隆禧因之播永馨，雲間嘆賞聞佩聲，安知不有成公興？

韵文開端陳述道家追求清静無爲，篤守雌柔不事誇耀的理念。這些雖如居住飲食、鳥飛魚潛一樣平凡無奇，但也是日常規律不可違，是衆生遵循的法式，是用善行提倡良俗。在介紹道觀修建和宗教活動後，作者提及兩件與漷州相關的事物，即「鑾輿歲幸實省耕」和「延芳春水紛霓旌」。漷陰自遼代置縣以來，歷經金、元、明各朝，方志或佚或無，國史上與漷相關的記載少且籠統，因而利用其他文字了解地方歷史，也不失爲一種補證。管庭芬熟稔方志學，選録了碑銘的這段韵文，既記載隆禧觀的修建，又弘揚道教理念，還佐證灤陰發生的史實，可謂一舉三得。

遼、金、元在取得政權後還保留游牧、畋獵的習俗，畜牧業是社會、生活、軍事、交通等的重要保障。大都（今北京）是元朝的政治軍事中心，因而大都地區的農牧矛盾十分突出。如何盡量減少這種矛盾對大都地區社會經濟和政治穩定的損害，成了元朝統治者面臨的現實問題。在此背景之下，兩都（大都、上都）巡幸制度應運而生。「慮畜牧之妨農，逐水草於廣漠」，就是統治者赴上都避暑時，把大都地區的畜牧業生産北移至草原地帶，爲農事活動的順利開展提供保障。同時，馬、牛、羊、駱駝等牲畜也在廣漠的水草環境中得到很好的生長。兩都巡幸對大都地區（包括灤州）的經濟發展和社會穩定十分有益，「鑾輿歲幸實省耕」反映了每年巡幸有利農耕，而「延芳春水紛霓旌」則記録了春季的灤州湖邊彩旗飛舞，蒙古帝王貴族畋獵的熱鬧場景。

《志略》的《古迹》一節記述了灤陰的晾鷹臺舊址，史書云其「高數丈，周一頃，元時游獵多駐於此」，到清時尚存土阜，明朝的董方及管庭芬都有詩作吟誦。

明代董方的《晾鷹臺》：

蒼鷹已去不重回，金殿荒蕪盡緑苔。
簫鼓聲湮惟鳥噪，羽林軍散祇雲徊。
晴川應識霓旌影，寒菊曾迎鳳輦開。
彼日誰能歌五子，至今殷鑑使人哀。

管庭芬的《登晾鷹臺》：

捺鉢猶是萬乘雄，海東青到獵秋風。
漫天柳漲延芳淀，匝地雲連駐蹕宫。
大漠四垂關野色，頭鵝一擊立奇功。
於今不見呼鷹客，牧馬人來繫冷楓。

董方，字仲舉，漷縣人，明正統十年（一四四五）進士，官至刑部尚書。董方和管庭芬都曾登上晾鷹臺的舊址，面對前朝的遺迹，訴説着當年在漷陰捺鉢、游獵的盛景。根據史書的記載，遼金元時期北京的南部和東南曾有廣袤的湖泊沼澤，樹茂草豐，因而受到皇家的青睞。金在「大興有建春宫」；元朝「冬春之交，天子或親幸近郊，縱鷹隼搏擊，以爲游豫之度，謂之飛放」。遼代這裏更是理想的捺鉢之所，漷陰的延芳淀就是游獵的理想場地。捺鉢，契丹語「行在」的意思，即皇帝出行所在之地。管庭芬的這首詩描述了捺鉢的季春景致，其中「漫天柳漲延芳淀，匝地雲連駐蹕宫」，是説冬春之交，延芳淀周邊繁茂的柳樹吐芽了，柳絮隨着嫩葉冒了出來，飄落到地，陣陣春風把柳絮刮到了湖上，刮到行宫周圍，就像一團團天上的白雲似的，鋪滿了水面和大地。可是在明代，董方看到的是什麼呢？輝煌的宫殿已經荒廢，鳥鳴替代了樂聲，再也看不到旌旗招展，雕輪櫛密，獵鷹翱翔，軍陣嚴整的景象了。而到了管庭芬呢，一片荒地衹見牧馬人了。兩首詩都采用了今昔對比手法，道出了漷邑的由盛轉衰。

《古迹》還選了董方的一首《駐蹕井》詩：

萬斛甘泉吐玉虹，金瓶纔汲雪花叢。
瓊瑶分處家家月，韶鳳煎時陣陣風。
千載餘波承輦轂，九秋寒霧滴梧桐。
清冷定有神蛟宅，應作甘霖雨域中。

駐蹕井，《志略》云其在佑國寺前，亦即《寺觀》中的佑國甘泉寺之古井。駐蹕，皇帝出行沿途停留暫住地，看來此井曾爲皇家服務過。舊志衹是説它「泉甚甘冽」「大旱不竭」，董詩描述了此井之水甘甜噴涌，寒冷時在井的周邊濺起冰雪花叢；把清澈的井水放在盆裏，就像一塊玉石、一輪明月，泉水叮咚如同韶樂般悦耳；承載着皇家氣息的駐蹕井水，如同深秋滴落在樹葉上的露水，應是井下神龍噴出的清泉，願其化成及時雨普降人間！今天我們吟誦《駐蹕井》詩，依然會被清冽的甘泉井水所誘惑，衹可惜再也飲啜不到了。

濼陰的名人墓中有一座被稱爲「畫眉郎墓」，相傳是西漢時期張敞之墓。張敞，字子高，河東平陽（今山西臨汾）人，漢宣帝時官至京兆尹。張敞與妻子情深，每當妻子早晨化妝時，他把筆爲其畫眉，纖纖細眉十分精致好看，流傳出去成了千古佳話，也有人借機攻擊他。漢宣帝知道了曾問過張敞，對曰：「臣聞閨房之内，夫婦之私，有過於畫眉者。」宣帝聽後並没有再爲難他。張敞既不是濼陰人，又没有在此做過官，爲何有墳墓在此？《志略》表示存疑。關於畫眉郎墓，《冢墓》一節中選詩二首。

明代徐渭《畫眉郎墓》詩：

春山秋水自天然，何用青煤拂柳烟。

一種風流千古迴，坐令天子破讒言。

清代陳文述《咏滹縣畫眉冢》詩：

春柳千行碧，春山一抹勻。
遥憐畫眉冢，曾葬畫眉人。

從這兩首詩看，徐渭的明顯勝出一籌。他的前兩句從正面表述了自己的審美觀，認爲女人衹要像春山秋水那麽清爽，何需青黛描眉？後兩句則反證自己的觀點，如果是崇尚天然，素面朝天，風流之事也就不會遠播，徒增煩惱耳。另外就是張敞每晨爲妻畫眉，上朝常常遲到，因而爲人所詬病，否則也不至於鬧到皇帝出面過問此事。

《風俗》一節選管庭芬《滹縣除夕感懷》詩一首：

居然餞臘駐荒城，歲月催人暗裏驚。
書卷遠携聊作客，文章無命枉求名。

遥村朗照燈千點，冷署清傳鼓幾聲。
觸起鄉愁是今夕，不堪對酒數殘更。

光陰飛逝，轉眼間管庭芬來瀠陰三個多月，已經到了臘月底了，而他獨在异鄉爲异客，思量着不能與家人團聚，科舉前途更是渺茫，不禁感慨萬千。在《感懷詩》首句他稱要在荒城過年了，可見當時的瀠陰有多麽的破敗。遠處村莊亮着辭舊迎新的燈籠，而衙署裏冷冷清清，不由得鄉愁滿滿，自己卻衹能「不堪對酒數殘更」，表達了孤寂的心境。

《志略》的《文咏》相當於方志中的《藝文志》章節，其中除了首篇岳正的《畫葡萄説》是説明文外，其餘均爲詩作，且這些詩作大多都反映了當時的自然與社會狀況，使讀者看到歷史上真實的瀠陰。

元代吴萊的《過瀠州》詩云：

數株楊柳弄輕烟，舟泊瀠州河水邊。
牛羊散野春草短，敕勒老翁方醉眠。

吴萊，字立夫，浦陽（今浙江浦江）人，元代文學家。吴萊大約是路過灤州，船停泊在河邊，他看到的是一派田園風光。尤其是最後兩句，使我們知曉了元代灤州的畜牧業曾經發達，在水草豐美的飛放泊周邊，有着蒙古牧民的身影。

元代張翥的《灤農嘆》詩云：

灤南有農者，家僅一兩車。王師征淮蔡，官遣給軍儲。
翁無應門兒，一身老當夫。勞勞千里役，泥雨半道途。
到軍遭焚烹，翁脱走故閭。車牛力已盡，户籍名不除。
府帖星火下，爾乘仍往逾。破産不重置，笞捶無完膚。
翁復徒手歸，涕淚滿敝襦。問家墻屋在，榆柳餘殘枝。
野雉居梁間，狐狸穴階除。老妻出傭食，四顧筐篋無。
有司更着役，我實骨髓枯。仰天哭欲死，醉吏方歌呼。

張翥，字仲舉，晋寧（今山西臨汾）人，元代詩人。元至正初年任國子助教，後陞至翰林學士承旨，因而人稱張承旨。元至正十一年（一三五一），江淮流域爆發劉福通的紅巾軍起義，朝廷派軍鎮壓。張翥懷着深切的同情心，著詩描述了被派遣送軍需的一位滁州老農的悲慘遭遇，揭示了戰爭給人民帶來的苦難，也使讀者對元代社會的勞役制度有所了解。元軍在江淮與紅巾軍打仗，這位貧苦老農被官吏强征，他没有兒子，衹能自己趕着唯一的牛車，頂風冒雨，千里跋涉運送物資。在戰場上老翁僥幸逃脱了殘酷的燒殺，到家時已是人疲牛乏。可由於「户籍名不除」，他仍在服勞役的名册上，官府下了緊急帖子，要他馬上再出發。老翁的車牛已不堪重負，也無力重新置辦，因此又被狠狠鞭打一頓，不禁淚灑衣襟，兩手空空而歸。他回家看到是殘墻破屋，野獸亂竄，老妻外出做女傭，家中空空如也。可就是這樣，官吏依然催逼賦役，敲骨吸髓到了絶境。然而在老翁悲憤之際，遠處卻傳來官吏們飲酒作樂的歌聲！

明代蔣山卿的《滁縣晚行》詩云：

漠漠平沙闊，荒荒白日低。
朔雲孤雁度，昏樹亂鴉棲。
戍鼓聽猶隔，村煙望欲迷。
關山有戎馬，憐爾尚征西。

蔣山卿，字子雲，儀真（今江蘇儀徵）人，明正德年間進士，官至廣西布政司參政。這首詩揭示了當時明王朝的北方邊境並不太平，元朝覆滅，蒙古人雖被驅趕到長城之外，但還經常侵擾邊境地區，使得大明戍鼓常鳴。漷縣雖在京畿之地，但也會因此出兵戍邊。因此也可看出當年明成祖朱棣堅持定都北京，是鞏固邊防的正確抉擇。

明代顧夢圭的《漷縣行》詩云：

入城半里無人語，枯木寒鴉幾茅宇。
蕭蕭酒肆誰當壚？武清西來斷行旅。
縣令老羸猶出迎，頭上烏紗半塵土。
問之不得攢雙眉，但訴公私苦復苦。
雨雹飛蝗兩傷稼，春來况遭連月雨。
縣城之西多草場，中官放馬來旁午。
中官占田動阡陌，不出官租地無主。
縣中里甲死誅求，請看荒墳遍村塢。

顧夢圭，字武祥，號雍里，江蘇昆山人，官至江西右布政使。顧是嘉靖二年（一五二三）的進士，他的《滌縣行》詩應是在此後所作，讀者可以了解明嘉靖年間滌縣的狀況。詩中提到，進入縣城衹有茅草屋不見人影，就連酒館都蕭條没落，自武清縣（在滌東）往西也没個旅人行蹤。這個縣的老縣官衣冠不整地露面了，想詢問些事卻聽他訴苦，連續的陰雨加蝗災已經造成莊稼的絶收，可就是這樣，還有京城的宦官來牧馬，他們不但糟害莊稼與草場，還仗勢欺人，分文錢不交。本縣的里長甲長們因爲遭災拼命想討些救濟，遍地的亂墳説明了災情的嚴重。如果説元代張翥詩中所言農民的困苦與戰争有關，可到了明朝嘉靖年間，雖無大的戰亂，可天災人禍也足以使民不聊生！

明代吴本泰《滌縣道中》詩云：

> 徑行問風土，不厭屢停輈。
> 鷄犬荒寂寂，人驢小市稠。
> 高低未盡晚，黄碧樹兼秋。
> 近水朝光動，窺林宿霧收。

明代葛徵奇《將赴留都舟發漷縣》詩云：

雲際孤帆遠，山山入望中。
殘村人語少，廢井爨烟空。
日落罡風暗，磷飛野草紅。
蒼茫何處宿，歸客尚途窮。

吴本泰與葛徵奇都是明晚期崇禎朝的官員，他們詩中的漷縣已是「鷄犬荒寂寂」「殘村人語少，廢井爨烟空」。民間的淒涼破敗，折射出朱家王朝的氣數已盡。果然，崇禎十七年（一六四四），明亡。《文咏》還選了明代女詩人李因一首《舟發漷縣道中》詩作，祇可惜除了標題，作品的内容與創作時間都與漷縣無關，不再贅述。

清朝卞永吉的《漷縣舟中》詩云：

征帆緣潞轉，別馬憶驕嘶。
前路方疑遠，鄉關漸欲迷。

岸平沙水急，野闊塞雲低。
日暮頻回首，荒村鶏盡棲。

清朝查初白的《漷縣晚泊》詩云：

鷗鳥瀠洄泊小舠，蘆溝西望樹周遭。
殘冰裂石黏兼岸，春水如油滑上篙。
老柳耐寒如許瘦，壞垣經久不多高。
畫眉冢冷鷹臺塌，一片斜陽雁下壕。

清朝顧宗泰的《過漷縣》詩二首：

一帆過漷縣，回首隔張灣。
人自滄波外，舟依暮靄間。
殘霞明到水，遠樹緑遮山。

悵觸江南意，今霄喜獨還。

地是泉山舊，人過漷縣陰。
牧牛春草陌，賣酒緑楊林。
烟外波光遠，雲中岫影沉。
延芳傳古淀，蹤迹樂從禽。

卞永吉，字謙之，清漢軍正白旗人，歷官綿州、茂州知州。查初白，即查慎行，浙江海寧人，清代詩人，康熙四十二年（一七〇三）進士，授翰林院編修，系武俠小説家金庸（查良鏞）的先祖。顧宗泰，字景岳，蘇州元和人，乾隆四十年（一七七五）進士，歷任吏部主事、高州知府等。這三位詩人都是登船沿大運河南下，路經漷縣留下這四首詩。詩中既記述了所見兩岸風光，如「岸平沙水急，野闊塞雲低」「殘霞明到水，遠樹緑遮山」「牧牛春草陌，賣酒緑楊林」，也有抓住没落小縣特色的詩句，如「荒村鷄盡棲」「壞垣經久不多高」等。同時也感慨曾經的「上都劇邑」，如今是「畫眉冢冷鷹臺塌」，祇留下「延芳傳古淀，蹤迹樂從禽（樂逐禽獸的遺迹）」了。

三位詩人的作品，雖勾勒出清代初、中期滯縣的風貌，但祇是走馬觀花，見不到面臨的諸多問題，如水土流失，災害頻仍，賦役繁重，再加上八旗圈地等，如前所述的「除防守運河外，加以馬草、官車、旗租諸役……」百姓日子之苦，可見一斑。

《志略·逸事》一節選明代無名氏的《悼滯縣》詩一首：

孤城斗大古荒臺，墻堞齊腰土霧埋。
全里地無方寸業，一人身占兩三差。
幽墳已草名留籍，照户添丁婦未胎。
游釜困鱗終作腐，此情誰肯達金階？

與顧夢圭的《滯縣行》相同，這也是一首令人嘆息的詩作。孤零零的一座小縣城，昔日的高臺已經荒廢，破舊的城墻坍塌得祇剩一半。受災害及貧困所擾，全縣境内百業俱廢，可每人還要承擔沉重的賦役。人雖死但户籍還存留，未增人口可官府仍按户强徵。貧苦百姓像鍋裏的魚兒，隨時受到死亡的威脅，可誰能將他們的遭遇轉達廟堂之上呢？此詩如實展示了明末滯縣最悲催的景況，彌補了史料缺乏、舊志皆佚的不足。

在《志略》的最終部分，管庭芬附上了自己的《冬日漷縣署中感賦四律》，從時間上看，應該是他要辭別兄長返鄉之前的作品，既道出他對漷陰這片土地的印象，又抒發了個人的種種感觸與心境。

卷地黄沙路未分，平原莽莽望無垠。
寒生曉霧粘輕雪，冷逼晴烟化薄雲。
冰合狐狸先印迹，草枯牛馬尚成群。
寂寥即是思鄉海，一片笳聲不忍聞。

側身何處認鄉關？漷水南流繞曲灣。
古堠荒凉迷遠樹，廢城殘缺補遥山。
頻添旅夢魚書杳，絶少梅花驛使間。
昏月半鈎當屋挂，深閨同是憶刀環。

單車出谷暫徘徊，豁達虚將眼界開。

鷹掠平臺殘雪後，駝鳴廣漠大風來。
無窮暮色空涵影，一片雄心未肯灰。
到此每生投筆志，側身西望凱歌回。

兄弟相依即主賓，足音空谷寂無人。
茅齋枯坐清於鶴，土炕横眠暖似春。
有恨終難消濁酒，出門初試作勞薪。
鼕鼕臘鼓催晨夕，辜負年華又欲新。

對於來自江南的管庭芬來説，瀠陰是「卷地黄沙路未分，平原莽莽望無垠」「古堠荒涼迷遠樹」「瀠水南流繞曲灣」的貧瘠、荒寂之地。「其地平原莽莽，沙磧無山，荒涼不异塞外」（摘自《書瀠陰志略後》）。這裏雖然是遼代置縣，元朝陞州，可如今已是「鷹掠平臺殘雪後」「廢城殘缺補遥山」，昔日的晾鷹臺僅存土阜，縣城早已墻堞坍圮，其頹勢已不可挽了。

雖然他對瀠邑的命運感到惋惜，但畢竟衹是暫棲之地，他更關註的是自己的命運，想表達對親友的思念。古人云「詩言志，歌永言」，在詩中抒發個人的感情，用詩歌表達自己的思想與願望，古今皆是如此。首先是濃濃的思鄉之情，「寂寥即是思鄉海，一片笳聲不忍聞」「頻添旅夢魚書杳，絶少梅花驛使問」。獨在异鄉爲异客，管庭芬孤寂一人在北方，日夜思念自己的家鄉，然而既没有家人的書信（魚書），也絶少朋友們關切的音訊（驛使梅花），有的衹是令人心酸的胡笳之聲。管庭芬生於清嘉慶二年（一七九七），做此詩應是道光十一年（一八三一）前後，時年三十有四，雖在科舉考試上屢遭挫折，可在心中依然是「一片雄心未肯灰」，他自况胸有投筆從戎志，「出門初試作勞薪」。自己雖没有雄才大略，也要做到燃燒自己，報效國家。

「鼕鼕臘鼓催晨夕，辜負年華又欲新。」光陰飛度，又快到了辭舊歲的日子，管庭芬自覺虚度年華，可仍要生活下去。盡管前途未卜，可他還要跨過蹉跎歲月，去迎接新的一天。

以上簡析了《滌陰志略》中的大部分詩詞，主要的關註點是那些記述、反映滌陰（滌州、滌縣）自然與社會狀况的詩句，它們在一定程度上彌補了史料不足的缺陷。由於這部方志不足萬字，因而所選的詩詞數量似乎偏大了一些，作爲編纂者的管庭芬，恐也是不得已而爲之。而作爲讀者來説，既欣賞了古人的詩作，又從中加深了對滌陰的了解，一舉兩得，不亦樂乎？

# 附録八　漷陰人物考

司空劍　編纂

## 一、緒言

漷陰乃是京畿之地一處歷史地名，大概位於今北京市通州區東南的漷縣鎮左近。漷邑自遼代置縣，歷金、元、明、清諸朝，曾稱漷陰縣、漷州、漷縣，地域大小有所變化。清順治年間省入通州，但仍設駐漷管河州判，直到清末民初，裁撤駐漷州判署。

漷邑地域不算大，人口也不多。「殘村人語少」「人矑小市稠」摘自《漷陰志略·文咏》，稱不上人傑地靈，可有人群的地方必有衆出者，漷邑也不例外。舊時地方史志多有人物志、表，記載一地之傑出者，可惜漷邑歷史上的方志多已遺佚，目前僅存一部清道光年間《漷陰志略》，其中設有人物一節，雖對漷籍人物有所記録，但比較單薄。今次編纂《漷陰人物考》，盡量將搜集到有關人物資料做一匯總，爲研究漷陰歷史提供方便。

本文將漷邑人物歸爲三類，即分鄉賢（附名人、列女）、選舉、官師三門。

鄉賢門匯集漷籍精英人物，多是對社會及鄉里有所貢獻者，因而爲民所仰，成爲家鄉之驕傲。由於受史料來源的局限，鄉賢多是明代人物。此外，本門還附有一些名人，如東漢酷吏陽球、明朝神宗母李太后等，他們雖是漷邑名人，但是否能算作鄉賢，還存在不同的認識，卻也不可遺漏。附録中還收「楊氏家族」多人，因有人對他們籍貫有异議，故暫置於此，以待新證。另有一類獨特之人——列女，是從舊史志上單獨入選。她們社會地位低下，絶大多數僅因「節烈」而入册，且記録簡單。這些連名字都没留下的女性，不應該被遺漏。

選舉門所納人物爲兩類，即漷邑歷代經鄉試、會試及殿試所取的舉人、進士，以及明清兩代的貢生名録。古代社會科舉制度是政府選拔人才的主要途徑。讀書人從做童生開始，要通過院試後成爲秀才（生員），鄉試後成爲舉人，會試後成爲進士，才有機會參加殿試，成爲「天子門生」走上仕途。金代的張亨、馬惠迪，明代的岳正、董方等，都是進士出身的漷籍傑出官員。此外，官府還會從府、州、縣生員中選出成績或資格優异者，陞入京師國子監讀書，稱爲貢生。清代有恩貢、拔貢、歲貢、副貢、優貢和例貢，皆爲選拔人才之徑。

官師門收入曾在漷任職的名宦小傳和職官名録。「名宦」直接的意思是居官而名聲地位顯赫者，入選方志中的《名宦傳》者多是在本地爲官者中有政績、有口碑、名聲好的官吏。

按，在漷任職的名宦，多被稱贊爲愛民、清廉、公正的好官，有的甚至「卒於官，筐篋蕭然，幾無以殮」。在官場也算得鳳毛麟角了。本門所收録的明清時期漷縣（州）主要職官有兩種，一是漷縣知縣，另一類是通州駐漷州判，又稱管河（運河）州判，其他朝代州縣職官基本没有留下名録。

本文收集自東漢至清末的有關人物資料，清代跨民國後的人物不取。基於本文的資料性及小衆閲讀對象，編纂中衹對個别古文詞句作了簡單註釋。文中的人物、地名、朝代、官稱等一般不做解釋，僅在歷朝年份後加註公元年份。對一些人物的考語則能簡盡簡，不多贅言。

## 二、鄉賢附名人、列女

鄉賢門所輯録的均係漷籍人物，除鄉賢外，還附録了一些名人和列女。人物資料主要編纂於《後漢書》《遼史》《金史》《元史》《明史》，以及《乾隆通州志》的《人物志》、《光緒通州志》的《人物志》、《光緒順天府志》的《人物志》、《畿輔人物志》《畿輔人物考》及《漷陰志略》等著述，並盡力做到録之有據，而對一些傳説、逸聞則不取。

## 遼　代

### 郭世珍

漷陰人，遼景宗時爲太尉司徒。統和六年（九八八）承天太后〔一〕侵宋，俘獲甚衆。師次范陽，世珍言降卒皆有父母、妻子，不無懷土之情，驅而之北，終不爲用。願放歸鄉國。太后嘉納，縱者數萬人。祀鄉賢。

考：《遼史》無郭世珍傳，本文依《乾隆通州志·藝文》中的元王鶚《郭公新塋碑》碑文所撰，與《遼史》記載有異。據《遼史·聖宗本紀》載：「統和四年（九八六）五月庚午，遼師與宋軍戰。宋大敗，死者數萬，棄戈甲若丘陵……輓漕者數萬人匿岐溝空城中，圍之。壬申，以皇太后生辰，縱還。統和六年（九八八）冬十月，遼縱兵四面攻涿州，城破乃降。戊午，攻沙堆驛，破之……以宋降軍分置七指揮，號歸聖軍。行軍參謀、宣政殿學士馬得臣（德誠）言諭降宋軍恐終不爲用，請並放還。詔不允。」《遼史》與《通州志》記述在時間與史實上都有差異。統和四年，蕭太后因過生日而發慈心，縱輓漕者（漕河拉縴的平民）數萬人，並未提郭世珍進諫建議放人。統和六年十月，遼敗宋，俘獲甚衆，宋降軍編入歸聖軍。遼臣馬德誠提議放還降軍，但詔不允。提議者亦非郭世珍，降卒也未能放還。今仍以舊方志所記録之。

【註解】

〔一〕承天太后：即遼景宗皇后，聖宗之母，名蕭燕燕。

## 金代

### 馬諷

字良弼，漷陰人。金初以燕與宋，諷游學汴梁，登宋宣和六年（一一二四）進士。宗翰克汴京，諷歸金。金皇統初復登進士，調蔚州廣靈丞，遷雄州歸信令。境有河曰八尺口，每秋潦、漲、溢，害民田。諷視地高下疏決之，患遂息。召爲尚書省令史，除〔一〕獻州刺史。天德初，改寧州。民有告謀不軌者，株連數十百人。諷查其無狀，乃究問告者，具伏其誣。衆歡呼感泣。再遷南京副留守，歷大理卿、刑部尚書，改忠順軍節度使。致仕〔二〕，卒。祀鄉賢。

### 張亨

字彦通，大興漷陰人。登皇統六年（一一四六）進士第。調樊山丞，以廉幹聞。授弘州軍事判官，累遷尚書左司郎中，授户部尚書。金世宗問宰臣曰：「御史中丞馬惠迪與張亨，人才孰優？」平章政事張汝霖以亨吏才極高對。時車駕東巡，欲輦錢〔三〕以支費用。亨謂上京距都四千里，若挽錢而行，是率三致一也。請行會便法〔四〕，息轉輸之勞而用自足。出爲絳陽軍節度使，章宗初，爲河東南北路提刑使，兼勸農采訪使。察利病十三事以聞，上嘉納之。亨每事存大體，略苛細，御史劾其寬緩不事事，降授蔡州防御使，遷南京路轉運使，轉知歸德府事。致仕。泰和二年（一二〇二）卒，年七十八。亨才識强敏，明達吏事，故始終可稱云。

考：《金史·張亨傳》載，亨謂：「上京距都四千里，若挽錢而行，是率三而致一也，不獨枉費國用，無乃重勞民力乎。不若行會便法，使行旅便於囊橐，國家無轉輸之勞而用自足矣。」從請行會便法，可以看出張亨的確是管理人才。

馬惠迪

字吉甫，漷陰人。登天德三年（一一五一）進士，調昌邑令，廉察第一，補尚書省令史。大定中，爲西京留守判官，以治最，擢同知崇義軍節度事，累遷左司郎中。世宗愛其明敏，嘗謂宰臣曰：「人之聰明多失於浮炫〔五〕。若惠迪聰明而樸實，甚可善也。朕嘗與論事，五品以下朝官罕有及者。」起授御史中丞，拜參知政事。嘗諫世宗討烏底改〔六〕，曰：「得其人不可用，有其地不可居，恐不足勞聖慮。」後爲昭義軍節度使，歷南京留守。致仕，卒。祀鄉賢。

崔　禮

漷人。仕金爲四鄉教諭，金亡，隱居漷東南小安村，構園亭，植花卉，閉户自娱。元丞相兀都台及帖古迭兒嘉其高節，數過訪，復以金鐘、駟馬聘之。終不出。祀鄉賢。

考：舊志載，村中舊有石刻，剥落不存，今園亭遺址俱無考。

【註　解】

〔一〕除：授職。

〔二〕致仕：官員退休。

〔三〕輦錢：裝載、運輸銀錢。

〔四〕會便法：由車駕途經地方提供花銷、開支，充當國家應收的税費的方法。

〔五〕浮炫：浮躁炫耀。

〔六〕烏底改：女真族一支。

## 元代

### 郭汝梅

字和卿，漷陰人。遼景宗時太尉郭世珍玄孫。金貞祐初，漷城陷，汝梅年七歲，父琪、母劉禱於火神廟，願保佑此兒。及灤河，力不能負，欲棄之，遇赤犢乘渡，得免。年十八，縣民公舉攝行縣事。耶律丞相知其才，奏充燕京都税司，以幹濟稱。尋〔一〕令子翰承襲，元中統三年（一二六二），平章阿哈瑪薦起，再任税所官。莅事後創建驛舍百餘楹，民得不擾。凡行宫應給，未償闕誤。差徭先期告足。懲兇暴，捕盜賊，禁倡優，與齊民雜處，歲不再易，風俗臻善。益户萬三千餘。進昭勇大將軍，總管中都路兼尹大興。數引見，奏對稱旨。中統五年（一二六四），卒。初，漷陰地窪，民被水患。汝梅出家貲，立新莊七所於高敞地，分處里人，給貧者牛、種，不責償，創新河天津橋，以濟行人。鄉人咸感其德，祀鄉賢。

考：《遼史》無世珍傳，金、元史無汝梅之記録，舊志有關傳文與元代王鶚所撰《遼昭勇大將軍中都路都總管兼大興府尹郭公新塋碑》文所記一致，應爲取諸此。汝梅係元朝人，其職官皆元所委，但王鶚所作碑額題「遼昭勇大將軍……」不知何故，待考。

【註解】

〔一〕尋：隨即，不久。

## 明代

### 董子和

字有節，滦縣人。幼嗜學，通經史大義。不急仕進，居家以孝友著。侍父疾，旦夕不懈。父殁，哀毁骨立，葬祭如禮。生平善，死無葬具者，爲施棺椁助；婚嫁未就者，助財禮；有假貸不能還者，焚貸券。里有牧官馬斃，法當償者，追呼無以應，將自盡。子和貸以償之，得不死。遇蝗旱，民不聊生，量賑以粟，全活甚衆。卒，年五十八。受贈至奉政大夫禮部侍郎。子昱，登正統七年（一四四二）進士，歷户部主事、員外郎，拜山東都轉鹽運使，有惠政。

### 岳正

字季方，别號蒙泉，滦縣人。正舉京闈鄉試，卒國子監業。正統戊辰（一四四八）會試第一，廷試賜進士及第，授翰林院編修。景泰壬申（一四五二）遷右春坊右贊善兼編修，天順丁丑（一四五七）改修撰。英宗廉知其名，召見文華殿。帝遥見正長身美須髯，遽[一]曰：「好！」既陞陛登殿，連曰：「好！好！」問年若干，對曰：「四十。」帝曰：「正好。」問何處人，對曰：「滹縣。」帝曰：「又是我北方人。」問舉進士何科，對曰：「正統十三年（一四四八）。」帝益喜歡，曰：「朕固取汝，朕今用汝内閣，凡事爲朕主張。」正頓首受命，出赴閣。至左順門，石亨、張軏自外入，見之愕然。比入見，帝曰：「今日朕自擇一閣臣，甚佳。」亨、軏請爲誰，帝曰：「岳正。」亨、軏陽賀曰：「誠佳。」帝曰：「但官小耳。須與吏部左侍郎兼翰林院學士。」二人對曰：「陛下既得人，俟果稱職，進官亦未爲晚。」帝默然，遂命以原官入閣。正負氣敢言，感帝拔擢，益思自效。掌欽天監侍郎湯序，亨黨也，嘗奏災异，請盡去姦臣。帝問正，正言姦臣無指名即求之，人人自危。且湯術淺，何足信也。乃止。時亨與太監曹吉祥怙寵擅權，有投匿名書指斥時政者，亨等勸帝出榜募能捕告者，賞以三品。正諫曰：「爲政有體，捕盗賊責兵部，奸宄責法司，豈有天子自出榜購募之理？」帝曰：「正言是也。」亨從子彪鎮大同，遣使獻捷。使者盛陳斬首無算，皆梟於林木之上，不能悉致。正取地圖指示之，曰：「某地至某地四面皆沙漠，汝梟首置於何所？」其人不能對。時曹、石恣甚，帝頗厭之。正上言二人勢盛，宜早節制。

帝曰：「汝可以朕意告之。」正徑造亨，諷〔二〕令斂戢〔三〕，以此二人怨正日深。會〔四〕承天門災，帝命正草詔罪己。正歷陳弊政，詞極切直，天下傳之，遂有飛語指爲謗訕。帝怒，謫正廣東欽州同知。道漷，以母老留旬日。時尚書陳汝言，曹、石黨也，憾正嘗言其不可用，令巡校言狀，且言正嘗奪公主田。遂逮系詔獄，拷掠備至，謫戍肅州。至涿州，宿傳舍，手梏〔五〕急，氣奔〔六〕欲死。涿人楊四醉解差酒，脱正拲〔七〕，刳其中，且厚賂解差，乃得至戍所。時鎮巡而下素雅重正，皆至客禮，賊不能害也。帝亦時憶及，曰：「岳正倒好，衹是大膽。」越四五年，曹、石俱敗，帝謂李賢曰：「向者岳正固嘗言之。」賢曰：「正有老母，得放歸田里，幸甚。」乃釋爲民。甲申（一四六四），憲宗立，詔正以原官職充經筵，纂修先朝實録。成化初推兵部侍郎，左遷興化知府。正至府，築堤溉田數千頃，節縮浮費，經理預備倉，興革多所裨益。有不利其所爲者騰謗言，成化五年（一四六九）入覲，遂致仕。又三年卒，年五十五。正無子，大學士李東陽、御史李經，其婿也。有《類博稿》十卷行於世，謚文肅。祀鄉賢。

考：明英宗悉其忠，嘗曰：「岳正倒好，衹是大膽。」正如何大膽，有例爲證。其一，在入閣二十八日，勇事敢言，於便殿論奏，慷慨陳詞，竟至「唾濺帝衣」。即便將口水噴在大人物身上，亦屬大不敬矣，何况龍袍乎？其二，會承天門災，帝命草詔責己，本是做個樣子，而岳正草敕云：承天門火災，使朕震驚，是否善惡不分、用捨不當？是否曲直不辨、刑獄有冤？是否征調繁多、軍旅勞怨？是否賞賜無度、府庫空虛……是否征斂太重、城鄉不寧？是否群吏玩法、擅作威福？是否提任讒諂、不用正士……這些都是傷天致災緣故。現在反省過錯，時刻警惕。敕下，舉朝傳誦。既得罪了姦佞，又惹惱了皇上。其三，正未入閣前，曾於自家草疏，請復恭讓后（宣宗前皇后）位號，公然干預皇帝「家事」。幸被兄岳端所見，驚曰：「奈何老母！」奪稿而止。史書云「正素豪邁，負氣敢言」，自謂「蓋將之死而靡憾也」，的確大膽。

## 董　方

字仲矩，其先太原忻州人，父政，三歲失怙恃，育於季父郁。永樂中，政隨郁應募徙居漷邑。方氣宇不凡，游學邑庠，登正統十年（一四四五）進士，試政兵部，旋以父憂歸。服闋，授大理左寺副，擢寺正。用法平恕，克雪冤抑。有巨室被盜，東阿民蔣杰與盜遇，遂株及，訥〔八〕弗能辯，考掠誣服。方訊實，釋之。錦衣旗軍鐵堅與百户薛海鬥，傷腦，奪銀髮簪。僉擬白晝奪財，傷人者死。方謂事起忿争，非造意劫奪，從輕典。金吾衛卒領大內官銅出，道中竊銅板尺餘。邏卒執之。有司擬以盜庫物律斬。方謂：「物既領出，非潛入内庫盜者，宜論監臨自盜。」得減死。景泰間，奉命往山西録囚。太原民白政仇殺王選，投尸汾河。事覺，政誣選妻與己私，同謀殺夫。獄成。方謂：「彼爲夫婦三十餘年，舉子十數人，何至是？」盡拘鄰里證驗。政具服，選妻得釋。羅禮妻被盜殺，有司誣劉達夫婦害之，俱應死。方白其冤，後知殺人者達婿也。其餘活死罪可矜者凡若干人。還朝建言十事，皆允納。天順丁丑（一四五七），曹欽謀逆，方趨軍士救護。賊平，擢〔九〕本寺右少卿。成化年間，由刑部右侍郎進都察院右都御史，巡撫大同。大同久不雨，方至，祈雨輒應。河南軍戍大同者多僦〔一〇〕民居，方構營房若干，衆論稱便。戰馬斃者以千數，爲區畫買補，逾月遂足。十年（一四七四）十二月，遷刑部尚書，又建白十五事，皆允納。以老乞休，越六年，卒，年六十八。贈太子少保，諭祭葬如制，謚襄毅。方好學，居官居家手不釋卷，嘗修滁志及家乘〔一一〕。子寧由進士官按察僉事。

考：董方致仕前遷刑部尚書，官居正二品；殁後贈太子少保，諭祭葬如制，謚襄毅，可謂哀榮備至。惟《明史》無傳，怪哉。《畿輔人物考》收方事。

## 徐盛

滁人，明景泰四年（一四五三）舉於鄉，歷陝西鞏昌知府，舊志選舉表内載其有善政，所至吏畏民懷。

李　温

滹人，與兄明同舉景泰四年鄉試，温登天順四年（一四六〇）進士，選庶吉士，歷禮部左侍郎。舊志《選舉表》内載其律己謙和，居官清慎，有美政。孫儼官陝西南鄭知縣。

聶宗元

字陽春，號近川。祖森襲京衛指揮職，家於滹，父敏以都指揮領河南軍，威信甚著。宗元少力學，能文章。嘉靖二十二年（一五四三）舉於鄉，從游者甚衆，如副使殷仁、通政王汝言、參議劉時敏，皆出門下。授山西忻州知州。忻俗僻獷，宗元至，設科條，均賦税，不嚴而治，值大祲，濟荒〔一二〕有善政，全活千餘人。且擒治舉火剽掠爲民害者，遇敵警堵禦甚力，民賴以寧。巡撫將薦之，被譖〔一三〕，歸。長子大經官神樞營副將，迎養於京。卒，年八十八。宗元天性孝友，待戚友誼極厚，滹人咸稱之。

張　祥

字夢麟，號魯郊，滹縣人。性孝友，勇於爲義。讀書務究心理學，身體力行。萬曆四年（一五七六）舉於鄉，授山西壺關知縣，後調河南原武知縣，政本廉慈，民被其澤。及歸，兩臺連章乞留，百姓亦詣〔一四〕闕吁請不果。原武人勒去思碑紀其德，建生祠祀之。居鄉以修舉廢墜爲己任，葺學宫，立文社，新岳文肅公祠，捐置學田二頃八十畝餘。督學左光斗奏請祀鄉賢。

## 武金　曹璉　張欽

皆溧庠生。正統十四年（一四四九），英宗北狩〔一五〕，也先挾之去。嗣遣使以邀金帛。京師震恐，詔募勇敢之士。三人素有義行，憤然曰：「何至被敵侮若是！」遂應募。也先使至都城門，恣意悉索，三人勇拒之。使恐，乃馳去。贈三人爲國子生。後金官處州知府，璉官撫州知府，欽官前軍都督府都事。

## 呂　棟

溧縣人，居永樂里。嘉靖間歲貢生，授河南桐柏知縣，有政聲。事母周，先意承志，曲盡孝養。每飲食必親嘗而後進。子孫在庭帷者已五代，日率之以娱其親。母壽至九十九，棟壽至八十乃卒。知縣李成旌曰：「斑庭頤養。」邵致誥旌曰：「節壽雙高。」

李　浚

字景淵，滎人。李，滎望族。浚嗜學，砥礪能博，考古今人物事業，尚氣節，文亦豪舉。岳蒙泉先生以傑士目之。明景泰元年（一四五〇）舉於鄉，授山西潞州知府。弟李温詳見前述。子儀舉成化四年（一四六九）鄉試。

岳　梁

岳正從孫，性慷慨，崇尚氣節。博學能文章，尤善書法。所著有《東湫〔一六〕雜咏》《梅花百咏》詩行世。由序班〔一七〕歷中書、大理寺評事。

聶啓元

字含春，號龍川，滎人。幼孤，生母謝守貞撫之。既長工文章，爲諸生時即與同學徐玠、張祥博采文獻，創邑乘稿。未竟，旋由明經〔一八〕授河南長葛知縣。萬曆間，滎令艾友芝輯邑志。啓元適家居，偕邑紳李凱同纂，典贍〔一九〕精核，後之載筆者皆得所考證云。

考：啓元幼失怙，母謝氏艱苦持家，矢志撫孤，方有其成才之謂。啓元官長葛知縣，居家時參與溧志修纂，並有《溧縣志序》一篇留存。序云：「（溧）地呈簡陋而路當衝劇，水陸供應之需，百務加增之擾，舉經費一節，與往歲水旱災傷，致夏秋逋負督徵完課，窮民無告甚矣。」文撰於萬曆庚戌年（一六一〇），可窺溧邑之狀。

【註　解】

〔一〕遽：連忙、快速。
〔二〕諷：勸説。
〔三〕斂戢：收斂。
〔四〕會：恰巧。
〔五〕梏：木手銬。
〔六〕奔：急。
〔七〕拲：兩手同械。
〔八〕訥：語言遲鈍。
〔九〕擢：提，登。

〔一〇〕僦：租賃。
〔一一〕乘：史書。
〔一二〕祲：不祥之氣。
〔一三〕譖：誣陷，中傷。
〔一四〕詣：到……去。
〔一五〕北狩：明英宗親征蒙古瓦剌部也先，在土木堡大戰，失敗被俘，托詞「北狩」。
〔一六〕湫：低窪，水池。
〔一七〕序班：官名，屬鴻臚寺。
〔一八〕明經：貢生別稱。
〔一九〕典贍：文辭典雅富麗。

## 清代

### 耿宗舜

字鄰滄，漷縣人，明萬曆間諸生。有文名，曾分校漷志。崇禎間以廩貢授青州府經歷，未就。清順治三年，通州道蕭世彦特薦，授山西榆次知縣。實心愛民，興利弊革。榆次向有棉税，官吏多侵漁。宗舜纖毫不取，以羡餘[一]贍貧民。時流寇餘孽擾境，棉賈棄貨逃。宗舜爲之封驗、售價。賊竄，棉賈返，以原價歸。三年，擢贛州府同知，歷贛州道。金逆[二]不軌，犯贛州，炮聲晝夜不絶。宗舜籌畫守御，閲[三]八十日，寢食幾廢。將軍濬泰督兵至，逆平。宗舜謂守城乃臣子本分，固辭。部議以守城功例蔭一子。宗舜旋引年乞歸，居家十年卒，年七十七。祀榆次名宦。子如掄以隨剿海寇鄭成功功，官廣西遊擊[四]。

李廷詔

字丹樵，世居滆邑李辛莊。道光丙午（一八四六）舉人，以嘉慶丙寅（一八〇六）生，同治戊辰（一八六八）卒，年六十三。州判胡事華爲撰墓表，稱其「優於真性，篤於内行，聆其言論，察其舉止，見其純厚之氣，挹[五]其深摯之忱[六]，乃恍然其積學之深，立品之正。人之所以見稱者，其來洵[七]有自矣」，又謂「自文廟重修，嗣後，遇有地方公事與之計議，無不自量力舉行。可想見其人矣」。

考：自滆縣裁撤後，舊志中滆邑人物不再單列，均稱州人，因而難以區分。某次翻閲《民國通縣志稿》，見李丹樵世居滆邑，由是抄録，屬於偶得。另，《光緒通州志》載州判名爲胡世華。

## 【註　解】

〔一〕羨餘：剩餘，有餘。

〔二〕金逆：即金聲桓，明末清初將領。金是群盜出身，先投南明，又歸順清廷，後再叛清。

〔三〕閱：經歷。

〔四〕遊擊：清代武官，從三品。

〔五〕挹：舀。

〔六〕忱：誠信，信任。

〔七〕洵：誠然，確實。

# 附：名人

## 後漢

### 陽球

字方正，漁陽泉州人（按：漷本漢泉州地），家世大姓冠蓋。球能擊劍，習弓馬，性嚴厲，好申韓〔一〕之學。郡吏有辱其母者，球合數十人殺吏，滅其家。初舉孝廉，補尚書侍郎，其奏章處議，常爲臺閣所崇信。出爲高唐令，以嚴苛過理，郡守收舉。九江山賊起，劫刺史，球以太尉掾〔二〕爲九江太守，設方略，即時摧破，誅除强豪，收郡中姦吏盡殺之。遷平原相……拜尚書令。時中常侍王甫、曹節等姦虐弄權，扇動内外。球嘗拊髀發憤曰：「若陽球作司隸，此曹子安得容乎！」光和二年（一七九），遷爲司隸校尉，奏收甫及中常侍淳于澄、袁涉等，及子弟爲守令者，奸猾縱恣，罪合滅族。太尉段熲諂附佞幸，宜併誅戮。於是悉收甫、熲等送洛陽獄。及甫子長樂少府萌、沛相吉，陽球自臨考甫等，五毒備極，箠樸交至，甫、萌父子悉死杖下，熲亦自殺。乃僵磔〔三〕甫尸於夏城門，大署榜曰：「賊臣王甫。」盡没入財産，妻子皆徙比景。球誅甫後，欲收曹節，節不敢出沐。時順帝虞貴人葬，百官會喪還，曹節見磔甫尸道次，慨然抆淚曰：「我曹自可相食，何宜使犬舐其汁乎！」語諸常侍，今且俱入，勿過里舍也。節直入省，白帝曰：「陽球故酷暴吏，不宜使在司隸，以騁毒虐。」帝乃徙球爲衛尉。時球出謁陵，節敕〔四〕尚書令召拜，不得稽留尺一。球被召急，因求見帝，叩頭曰：「臣無清高之行，横蒙鷹犬之任，前雖糾誅王甫、段熲，蓋簡落狐狸，未足宣示天下，願假臣一月，必令豺狼鴟梟，各服其辜。」叩頭流血。殿上呵曰：「衛尉扞〔五〕詔邪？」至於再三，乃受拜。後與永樂少府陳球等謀誅宦官，爲曹節所聞，誣謀議不軌，收球送洛陽獄，誅死。妻子徙邊。

考：《乾隆通州志》云，陽球力除强姦，厭快衆憤，雖史入《酷吏》，而不掩其功，故收於鄉賢。予以爲球好酷虐，肆意殺戮，雖拷姦佞，實缺人性，有礙鄉賢之譽。《光緒順天府志》將其列《雜人傳》，現以名人附後。

## 【註　解】

〔一〕申韓：戰國時期法家申不害和韓非。

〔二〕掾：古代官署屬員統稱。

〔三〕磔：一種分裂肢體的刑法。

〔四〕敕：告誡、囑咐。

〔五〕扞：冒犯，衝犯。

## 明清兩代

### 李　偉

字世奇，漷縣人，明神宗母李太后父也。兒時戲里中，有羽士〔一〕過之，驚與人曰：「偉哉兒，他日必大貴。」父聞而喜，遂名之曰偉。嘉靖中，偉夢空中五色彩輦〔二〕，旌幢、鼓吹導之下寢所，而已生太后。避警〔三〕，携家人入京師。居久之，太后入裕邸，生神宗。隆慶改元，立皇太子，授偉都督同知，再進武清侯。太后賢明，熟典故。神宗推恩〔四〕外戚，多异數〔五〕。太后懷盈滿之懼，能約束其家。偉嘗有過，太后召入宫，切責之，不以父故歆〔六〕祖宗法。以是偉益小心畏慎，有賢聲。萬曆十一年（一五八三）卒，贈安國公，謚號莊簡。偉長子文全，先授都督，父卒，襲武清侯。端方持己，性儉素。卒之日，上輟朝，賜葬如禮。仲子文貴，授都督，謙謹守禮，以孝弟聞。季子文進，授御馬監太監，亦恪守禮度。文全子銘誠襲伯爵，性英敏，學問該洽〔七〕。天啓末，頌魏忠賢功德，建祠名鴻勛。莊烈帝定逆案，銘誠幸獲免。

考：李偉入《光緒順天府志・雜人傳》；《光緒通州志》收卷末《逸事》。

李太后

孝定李太后，神宗生母也，漷縣永樂店人。后自幼穎敏，授書過目成誦，尤工書法，父偉奇愛之。及長，以良家子入裕邸侍穆宗。癸亥（一五六三）生神宗，隆慶元年（一五六七）封貴妃。六年（一五七二），神宗即位，上尊號曰慈聖皇太后，居慈寧宫。張居正請太后視帝起居，乃徙居乾清宫。太后教帝頗嚴。帝或不讀書，即召使長跪。每御講筵入，嘗令效講臣進講於前。遇朝期，五更至帝寢所，呼曰「帝起」，敕左右掖帝坐，取水爲盥面，挈之登輦以出。帝事太后惟謹，而諸内臣奉太后旨者，往往挾持太過。帝嘗在西城曲宴被酒，令内侍歌新聲，辭不能，取劍擊之。左右勸解，乃戲割其髮。翌日，太后聞，傳語張居正具疏切諫，令爲帝草罪己御札。又召帝長跪，數其過。帝泣涕請改乃已。萬曆六年（一五七八），帝大婚，太后諭曰：「官家婚禮將成，我當返慈寧宫矣。第動静飲食不得聞見，訓誨，爲憂慮耳。爾身爲天地神人之主，所係非輕，務節飲食、慎起居，依從老成人勸諫，不可溺愛衽席〔八〕，任用匪人，以貽我憂。」后性嚴明。萬曆初政，委任張居正，綜覈名實，幾於富强，太后之力居多。帝嘗詔修慈寧宫，張居正諫，入告太后，悦而罷之。三十五年（一六〇七）丁未，帝命作景命殿萬壽閣於永樂店，爲太后祈福。太后出内帑〔九〕，新文廟及明倫堂，原爲漷邑培育人才。庚戌（一六一〇）四月，不雨，傳太后諭，發帑銀十萬，濟賑漷邑。萬曆四十二年（一六一四）二月初九日崩，年六十有九。尊謚孝定貞純欽仁端素弼天祚聖皇太后，合葬昭陵。

考：李太后「懷盈滿之懼，能約束其家」，且爲家鄉教育投資、賑災，值得一贊。然其好佛，「京師内外多置梵刹，動費巨萬，帝亦助施無算」。首輔張居正曾勸説，弗能止，則不可謂賢矣。

## 楊景芳及後裔

楊景芳，先世以扈從自淮安徙通，爲州人居城南藁村，業農，家頗贍〔一〇〕。嘗過一士人，餒〔一一〕甚，詢之乃避難無所依者，款於家，留三載去。其人後登第，來謝。及任府尹，數造門敦請，景芳終不詣其署。高潔如此。

楊錫，字南軒，景芳子，有隱德。教子以義，子孫相繼登科。

楊惟清，字子廉，號明野。其祖景芳，父錫。惟清少窮經史，學問淵博。明萬曆元年（一五七三）舉於鄉，授山西太谷知縣。潔己愛民，多善政，家居極謹厚，犯亦不校〔一二〕。里中有無辜罹法者，力雪其冤。嘗貸金於人，弗能償，焚其券。弟惟洪、惟治相繼登甲乙科，子八人皆力學，孫士炌、士烒俱進士。

楊惟治，字子理，號同野，惟清弟。性篤孝，父母卒，哀毁幾殆。廬墓所，晨夕長號不已。登明萬曆二十年（一五九二）進士，授河南南陽知縣。其地當孔道〔一三〕，多供億〔一四〕。惟治經紀有緒，不困郵傳〔一五〕。值歲祲、大疫，亟請發廩以賑，購藥選醫，多方濟之，活者幾萬人。盜賊竊發，設法掩捕，悉駭散。中使奉命開礦，惟治力爭南陽無礦，寧歲輸二百金，以安山谷及民間廬墓。大災後，賦莫辦〔一六〕，婉諭急公，不以追呼擾民。聽訟如神，矜宥〔一七〕小過。惟豪强故犯，務置之法。三年，邑大治，舉卓異第一。擢刑部主事，累遷郎中。持法平允。嘗盛暑閲獄，見圜〔一八〕扉早閉，多蒸鬱癘氣〔一九〕，憐之。許每晨啓户納凉，請著爲令。居刑曹九年，遷河南布政司參政。礦賊嘯聚，民倉皇出走。馳檄撫之，盜即散。他若開煤窑、濟公需、修藩封〔二〇〕，靡政不舉。四年，擢陝西按察使，廉肅飭下，墨吏聞風解綬去。致仕，歸，喜作樂府詞，千言立就，不在宗元下也。每歲按部使者造門請謁，謝弗見。見亦不及私。畿内有警，與州守登陴〔二一〕，畫地固守。捐資修城，樓櫓屹然，以資保障。崇禎辛未（一六三一）卒，年七十四。

楊惟洪，字子寬，號襟野，景芳孫，錫子。初習舉業，父命佐家政，乃中輟。及伯兄惟清登賢書，慨然曰：「人貴自立，我胡爲自棄也！」奮志攻苦，歷寒暑，晝夜不怠。明萬曆十年（一五八二）舉於鄉，旋卒。以子若梓貴，贈如其官〔二二〕。

楊若桐，號虞律，惟清子，明天啓元年（一六二一）恩貢生，授江南睢寧知縣。潔己愛民，報最。將遷，尋乞歸。崇禎甲申（一六四四），州城破，爲流賊所執，不屈死。

楊若橋，惟治季子，成進士，歷官至御史，著《若香雪齋集》《通署咏》行世。

楊若梓，字原育，號芘寰，惟洪子。生有至性，數歲父卒，事母張以孝著。登明萬曆四十一年（一六一三）進士，授河南信陽知州。潔己愛民，禁絶耗羨[二三]。治獄務平允，判決如神，不以案牘假吏手。著有《申陽末議》，皆足爲吏治法。初，若梓甫莅政，監司洪某意輕之，易服瞰其聽訟。閽者[二四]密以告，訊讞[二五]自若。洪由是意其才，凡疑獄悉委鞫[二六]焉。歲旱，步禱，跪烈日中，雨立至，謂未霑足，跪如故。監司至，掖之起。人感其愛民之誠。居恒勸農桑，興學校，爲士子校文藝，多所造就。課[二七]最，擢禮部祠祭司員外郎，攝儀制司事。值神宗、光宗相繼崩，熹宗嗣位，大禮叠至。若梓敬慎將事，無纖悉闕略。廷議改元，謂光宗初立，詔以明年爲泰昌，今一月而崩，紀元焉屬？若梓建言曰：「一年三君，前代所無。若仍以明年爲泰昌，則無以處今上；若遂以今年爲天啓，則無以存先帝。皆不可。請以今年八月後改爲泰昌元年，明年爲今上天啓元年，既存先帝之元，又尊今上之統，庶於情理爲愜。」閣臣、九卿皆是其議，具奏報可。先是光宗即位，京營及邊軍皆有賞，獨不及通州五衛，若梓力請，得邀賞如例云。

楊正中，字爾茂，惟治孫。少有至性，七歲喪父，哀慟如成人。事母盡孝。將娶，母卒。或勸從俗，婚於未成服時，悲號拒之。砥節[二八]讀書，登清順治十五年（一六五八）進士。選庶吉士，授編修。累官禮部左侍郎。清慎自持，釐正百度，爲海内所推重。居家事從父母如父母，撫從弟妹如同胞。娶妻朱，賢而早殁，終身不再娶。育甥女，爲擇配。贍族中貧乏者。又嘗捐資修學宫。蓋所受禄不置田宅。故貴顯猶儒素云。雍正二年（一七二四），祀鄉賢。

考：據乾隆、光緒《通州志》載，楊景芳自淮安遷通州，居城南八里的稿（藁）村，不在舊漷邑内。另，《志》載漷東五十五村中有楊家堤，即楊景芳堤，在漷縣城東南三里（距州城三十三里）。故此，今有文稱楊氏應作漷人。余覽楊氏族人傳，均未言居楊家堤村。《光緒順天府志·選舉表》萬曆丙子科楊惟清並未註爲漷人（同科張祥則註明），惟洪、惟治亦未註。因而暫置於此，以求新證。

## 【註 解】

〔一〕羽士：道士。

〔二〕輦：帝王專車。

〔三〕避警：躲避險情。

〔四〕推恩：恩惠於他人。

〔五〕异數：特殊、例外。

〔六〕骫：彎曲。

〔七〕該洽：博通、廣博。

〔八〕衽席：泛指卧席，隱喻男女之事。

〔九〕内帑：皇室的私財、私産。

〔一〇〕贍：供養。

〔一一〕餒：饑餓。

〔一二〕校：較量，計較。

〔一三〕孔道：大道，通道。

〔一四〕億：十萬爲一億，這裏指數量大。

〔一五〕郵傳：驛站。

〔一六〕辦：處罰。

〔一七〕宥：寬容，饒恕。

〔一八〕圜：圍繞，包圍。

〔一九〕癘氣：瘟疫。

〔二〇〕藩封：王府。

〔二一〕陴：城上矮墻。

〔二二〕贈如其官：古時平民歿後因有賢名而被朝廷追賜職官名譽，多授以子侄職名，以示彰顯。

〔二三〕耗羨：賦稅加補充損耗後所餘。

〔二四〕閽者：守門的人。

〔二五〕讞：審判定罪。

〔二六〕鞫：審訊，審問。

〔二七〕課：此處是按標準考核的意思。

〔二八〕砥節：砥礪氣節。

## 附：列女

## 明代

### 李氏

漷庠生董恕妻，年二十二，恕没，子生甫周歲。李哀毁幾絶，不敢身殉，苦志守節，撫子成人。弘治間建坊旌表。

### 謝氏

直隸順義人。滶人都指揮聶敏妾。敏卒，謝所出二子應元、啓元俱幼，謝矢志撫孤，不以諉諸嫡長。值歲荒，族黨窺其家貲，嗾令改適。謝厲聲曰：「吾有二子，可使成立，即天不遂吾意，吾身死得附於都司君墓，亦何憾！」族人愧懼而退。治家以禮法，門庭肅然。卒，年八十四。子啓元，以明經官長葛令，曾修《滶志》。萬曆間，知縣趙廷儼旌其門曰「貞節」。

劉　氏

滶人，日照訓導張永達繼妻，年二十二夫亡。家極寒素，無以自給。劉茹荼飲蘗〔一〕，苦節撫孤，教三子皆成立。卒年八十九。萬曆二十一年（一五九三），孫庠生德厚以苦節呈知縣魏之幹，給額旌之。

王　氏

滶庠生馬龍圖妻，操杵臼，執婦道，有禮法。馬病篤，焚香吁天請代。弗愈，尋卒，年二十五，子泰方七歲。王氏不食欲絶。嫗〔二〕諷〔三〕曰：「夫死不死，在一孤耳。孤如生，即爾夫生之年，爾即從夫死地下，孑孓之孤，將誰適爲命乎？」王氏聞稍解，强啜糜而謝曰：「吾不可死，吾心死可矣。」早夜敝形垢容，坐卧一房，不窺闥[四]外。當闢白者，女奴以次傳，終不令一童將命[五]。蓋不惟圭潔[六]其身，而庭以外素如也。訓泰法嚴如父，泰績學勵行，爲名諸生。知縣魏之幹給額旌奬。萬曆三十五年（一六〇七）卒，年七十三。知縣艾友芝申請巡撫以貞節旌其門，又爲文祭之。

金　氏

漷人常希文妻。崇禎己巳，漷城陷。被執，挾之上馬。金見道旁有井，躍入井中，身被三矢而死，時年十九。

周　氏

漷人翟光國妻。崇禎己巳，遇兵逼，使上馬，堅不從被殺，時年二十一。

【註　解】

〔一〕檗：落葉喬木。

〔二〕嫗：老婦人。

〔三〕諷：勸告。

〔四〕閾：門。

〔五〕將命：傳達命令。

〔六〕圭潔：清白之意。

## 清代

### 沈氏

滯人任志伊妻，年十八，夫亡，子銘鼎甫周歲。沈苦志守節，教子食餼〔一〕於庠。以明經官景寧令。順治十六年（一六五八），沈卒，年六十六。有司旌之。

### 劉氏

滯邑州判鍾沅繼妻。同治間，夫卒於任所。宦橐〔二〕空虛，劉典質衣物，卜地浮厝〔三〕。喪葬事畢，即於次日身殉。

### 王氏

通州庠生耿宗湯妻，居漷邑。王年三十，夫亡。矢志守節，治家肅然。耿有族婿吕哲，素叵測，適土賊横於鄉，哲煽惑其黨劫耿家莊，縛宗湯弟宗孔及諸姓等。將加刃，舉家驚匿。王獨不避，以大義曉賊。賊知墮哲計，釋縛而退。哲叔茂奇與哲同惡，嘗囑盗誣宗孔下獄，誆王曰：「付我五百金，可脱汝叔。」王識其詐，佯應曰：「善，須開明所需各項，乃可與侄商耳。」遂獲茂奇字據，命侄如標赴巡按白冤。獄始雪，盗伏法，茂奇亦獲罪。王之以節兼才如此。

王　氏

治秀女，李國柱妻，居漷縣王各莊，年十八歸。家貧，孝事舅姑。二十六夫亡，子維新生甫七月。王痛不欲生，顧念老幼無所依，矢志守節，仰事俯育。舅没，竭力殯葬。奉姑終身孝謹，姑享上壽〔四〕終。撫子維新成立，能力養其母。王苦節四十二年，卒，年六十七。

劉　氏

璞女，李仲春妻，居漷邑，年十九于歸。奉舅姑以孝。家素貧，夫作客死，時劉二十五，子寅甫三歲。夫柩歸，痛絶欲殉。舅姑泣諭之曰：「兒不幸夭，若婦死，我二人何依，且藐[五]孤誰撫也？」劉飲泣受命，矢志守貞。舅旋没，經營、殯葬，貧不廢禮。日勤女紅，佐姑甘旨[六]，姑年八十四，侍奉敬謹不怠。教子寅發憤讀書，弱冠[七]補諸生。劉苦節三十六年，卒年六十。

【註解】

〔一〕 餱：谷物。

〔二〕 橐：口袋。

〔三〕 浮厝：將靈柩暫停地上，用磚石堆砌好，以待改葬。

〔四〕 上壽：百歲。

〔五〕 藐：小、幼稚。

〔六〕 甘旨：美味食物。

〔七〕 弱冠：二十歲，成年。

## 三、選舉

選舉門人物名録以《乾隆通州志·人物志·選舉》附漷邑未裁以前文武科第及貢

監表爲主，參閱《光緒順天府志》及《光緒通州志》有關記載，整理而成。門下分爲兩類，即《漷邑歷代文武科第進士、舉人名録》和《漷邑部分恩拔歲副貢名録》。其中進士、舉人名録自金皇統年間至清順治年間（宋代一人係金代再登第進士前身）；貢生名録自明洪武年間至清順治年間，因順治十六年漷縣省入通州，舊志中漷邑科貢不再單列之故。

## （一）漷邑歷代文武科第進士、舉人名録

### 宋代

馬諷　宣和六年（一一二四）進士

### 金代

張亨　皇統六年（一一四六）丙寅科進士，事見《鄉賢》。

馬諷　宋進士，天德初年（約一一四九）再登第，見《鄉賢》。

考：馬諷者，選舉之奇人。其先隨燕歸宋參試，登宣和六年進士。因燕地所屬變化，後爲金人，再登第。

馬惠迪　天德三年（一一五一）辛丑科進士，見《鄉賢》。

## 明代

牛　亨　洪武三十二年（即建文元年，一三九八）乙卯科舉人，曾任山東武城知縣。

魯　瞻　永樂二年（一四〇四）甲申科舉人，曾任山東濟源知縣。

周　原　永樂六年（一四〇八）丁酉科舉人。

張　聰　永樂九年（一四一一）辛卯科舉人，永樂十三年（一四一五）乙未科進士，任監察御史，歷參議。

考：《光緒順天府志·選舉表》列聰爲永樂十九年辛丑榜進士，並另見唐執玉監修《畿輔通志》卷六十一《選舉志一》所載「永樂壬辰科馬鐸榜」。各書記載有異，本書對此略作考證，詳一三一頁校註札記［一］。

岳　正　正統三年（一四三八）戊午科舉人，正統十三年（一四四八）戊辰科進士，見《鄉賢》。

董　昱　正統六年（一四四一）辛酉科舉人，正統七年（一四四二）壬戌科進士，歷户部主事、員外郎、山東都轉鹽運使。

考：《光緒順天府志·選舉表》僅列其爲通州籍。

許子英　正統六年（一四四一）辛酉科舉人，曾任江南丹陽知縣。

考：《光緒順天府志·選舉表》僅列其爲通州籍。

董　方　正統九年（一四四四）甲子科舉人，正統十年（一四四五）乙丑科進士，見《鄉賢》。

李　浚　景泰元年（一四五〇）庚午科舉人，見《鄉賢》。

李　温　景泰四年（一四五三）癸酉科舉人，天順四年（一四六〇）庚辰科進士，見《鄉賢》。

李　明　景泰四年（一四五三）癸酉科舉人，曾任山西襄陵知縣。

徐　盛　景泰四年（一四五三）癸酉科舉人，見《鄉賢》。

李　振　景泰四年（一四五三）癸酉科舉人。

王　聰　景泰四年（一四五三）癸酉科舉人，天順四年（一四六〇）庚辰科進士。

李　增　景泰七年（一四五六）丙子科舉人，曾任錦衣衛經歷。

李　儀　成化四年（一四六八）戊子科舉人。

董　寧　成化七年（一四七一）辛卯科舉人，成化八年（一四七二）壬辰科進士，歷四川按察司僉事。

葉　林　成化十三年（一四七七）丁酉科舉人，曾任江南碭山知縣。

葉　彬　成化十三年（一四七七）丁酉科舉人，曾任山東曹縣教諭。

王　瓛　弘治二年（一四八九）己酉科舉人，曾任陝西合水教諭。

聶　敏　正德九年（一五一四）甲戌科武進士，歷河南都指揮使。

聶宗元　嘉靖二十二年（一五四三）癸卯科舉人，見《鄉賢》。

聶大經　嘉靖三十六年（一五五七）丁巳科武進士，歷延綏馬蘭峪副總兵、神樞營副將加都督僉事。

聶以晋　嘉靖年間武舉人。

考：《乾隆通州志·選舉表》載，聶大經之子，科分未詳。

張　祥　萬曆四年（一五七六）丙子科舉人，見《鄉賢》。

毛鳳儀　萬曆四十三年（一六一五）乙卯科武舉人。

李　皋　崇禎七年（一六四三）甲戌科進士，歷參議。

考：《乾隆通州志》不載，見《光緒順天府志·選舉表》。

## 清代

穆萬春　順治十一年（一六五四）甲午科武舉人。

孫紹光　順治十一年（一六五四）甲午科武舉人，曾任新羅衛千總。

周　奭　順治十一年（一六五四）甲午科武舉人，順治十二年（一六五五）乙未科武進士，任蘇松遊擊，陞江北壽春營副將。

吴士英　順治十四年（一六五七）丁酉科武舉人，曾任青州營守備。

馬　權　順治十五年（一六五八）戊戌科武進士，歷代州守備、廣東右營都司。

孫德久　順治十五年（一六五八）戊戌科武舉人。

考：《乾隆通州志·選舉表》載，孫德久係戊戌、癸卯兩科武舉。癸卯即康熙二年（一六六三）。

## （二）漷邑部分恩拔歲副貢名録

（貢生姓名及曾任職官，具體年分不明）

### 明　代

洪武年間：

姬本（監察御史）　王智（聊城訓導）　張鉉（湖州府同知）　石從善（按察司檢校）

永樂年間：

田質（沁水主簿）　盧榮（給事中，温州府）　侯讓（山陽知縣）　董迪（平陸主簿）

高登（壺關主簿）　王忠（興縣主簿）　馬麟（鄒縣知縣）　倪忠（隰州知州）　祈誠（遼

州知州） 馬義（平陽檢校） 劉琛（漢陽推官） 權偉（淮安主簿） 李貫（鄉寧訓導）

王景（海樂橋大使） 符本（江陰衛經歷） 吕焕（五井大使）

正統年間：

王政（五井副使） 姚俊（滋陽知縣） 黄貴（鄠縣知縣） 張洪（常州檢校） 米舉（茌

平州吏目） 王宣（鎮原知縣） 榮春（鳴贊） 聶盛（鳴贊） 李榮（太原知縣） 韓偉（平

遥知縣） 盧大淵（臨晋知縣） 馬祐（序班） 史廣（博興知縣） 馬驥（單縣縣丞）

沈玉（岢嵐州判） 張嵩（信陽知縣） 張欽（吉州州判） 翟福（大同知縣） 姬福（武

進、鄢陵縣丞） 田畔（武清衛經歷） 孫洪（歷城教諭） 范洪（不詳） 黄忠（不詳）

武隆（臨縣教諭）

景泰年間：

黄紀（浙江巡檢） 董賢（蕭山縣丞） 盧宣（青州衛經歷） 曹琰（崑寧縣丞）

李仁（濟寧税課大使） 胡璉（不詳） 毛倫（不詳） 楊詢（候官訓導） 王昇（祁門縣丞）

趙俊（蘇州衛經歷） 王原（徐州衛經歷） 馬寧（蓋州衛經歷） 李松（不詳） 李洪（禹

城縣丞） 田有真（蒙陰主簿） 馬純（桐廬主簿） 徐熊（文登縣丞） 張淮（壽光縣丞）

張永達（日照訓導） 毛錦（不詳）

天順年間：
楊俊（韶州府檢校）　高秀（工部廠主簿）　毛達（江津主簿）　胡旻（壽張知縣）

成化年間：
潘錦（石樓訓導）　楊仲仁（淄川訓導）　許文進（嶧縣教諭）　符節（王府典簿）

董復祖（松門衛經歷）　康永昌（黄縣縣丞）　周鎮（萬泉訓導）　康永慶（英山主簿）

游秀（清水知縣）　陸錦（均州訓導）　董明（光禄寺署丞、文水知縣）　朱驥（米脂縣丞）

張鎮（陽城縣丞）　朱馴（五河教諭）　李椿（陳留知縣）　馬義（平陸知縣）

弘治年間：
吕棟（河南桐柏知縣）　王德隆（朝城知縣）　董涇（中城副兵馬）　楊永禄（信陽主簿）

正德年間：
張大倫（晋府教授）　朱瓚（趙府教授）　董培（不詳）　徐玠（全椒知縣）

嘉靖年間：
馬負圖（平原訓導）　趙自强（不詳）　聶啓元（河南長葛知縣）　羅祉（不詳）

張義（不詳）　董潭（萬年主簿）　張彦儒（盧龍訓導）　張焕（不詳）

萬曆年間：

韓文郁（杞縣主簿） 李忠（安丘主簿） 盛名揚（慶陽通判） 王烈（長清知縣） 周瑶（茌平縣丞） 陸如桂（修武訓導） 李鎧（莊浪知縣） 周於德（歷城主簿） 于階（山陰知縣） 王納言（大名府教授） 楊存禮（不詳） 聶大純（不詳） 李鎰（膠州訓導） 趙乾（右衛訓導） 趙有吉（冀州訓導） 楊樂善（不詳） 楊好善（不詳） 張效曾（不詳） 張應誠（不詳） 范嘉言（不詳）

天啓年間：

張允中（不詳） 張觀光（成安教諭） 楊三策（南江知縣） 吕登榮（不詳）

崇禎年間：

王業昌（河間府教授） 楊乾經（盧龍訓導） 楊時茂（河間府教授） 任文會（邯鄲訓導） 王維衡（靈石知縣） 張任（浮山知縣） 楊可經（清商洛兵備道參議） 徐步（河間府教授） 董允昌（不詳） 侯大召（興濟教諭） 張元初（懷仁知縣） 趙焜（不詳） 張元素（萊州府同知） 徐捷（饒陽訓導）

## 清代

順治年間：

耿宗舜（山西榆次知縣） 楊斐業（建平經歷） 吕調化（平湖知縣） 黄應魁（常

熟知縣）　趙耀（孝感知縣）　楊呈秀（順德教授）　侯三捷（館陶知縣）　馬可大（南樂教諭）　王業隆（不詳）　任紹鼎（景寧知縣）　馮三顧（不詳）

## 四、官師

《官師門》分爲《名宦傳》和《職官名録》兩個部分。本門所輯名宦資料主要來源於《光緒通州志》的《官師志·附漷邑未裁以前名宦傳》，並與《乾隆通州志》相核，其中一些不詳處，再參照《光緒順天府志》和《漷陰志略》等著述修訂。漷邑的職官名録也是從以上志書中摘録、編纂的。由於前志缺失，名宦祇有明代人物，職官名録包含明清兩朝人物，但遺佚不少，其中自乾隆四十八年至嘉慶十二年前具失考。

### （一）名宦傳

#### 明　代

楊思賢

浙江錢塘人。洪武初，漷未改縣時任漷州同知，平賦均傜，寬刑潔己。遷建州治學宫[一]，悉殫心力。既去，百姓哀思之。祀名宦。

王　文

字仲章，河南儀封人。正統間知溧縣，愛民如子，禮士如賓。學宫就圮〔二〕，力加修葺。以憂〔三〕去，士民如失慈母。祀名宦。

賈　貞

字子固，山東莒州人。天順間，知溧縣，性廉潔，多惠政。教民勤樹藝〔四〕，不以徭役擾之。游手必懲，浮費必禁，一時翕然〔五〕稱治。凡學宫、城隍廟及巡院公宇，靡〔六〕不次第修舉。擢知祁州。祀名宦。

高　安

浙江湖州人。成化十五年（一四七九）知溧縣。有守有爲，愛民重士，政績卓然，爲畿輔〔七〕有司之冠。祀名宦。

陰　縉

河南滎陽人。弘治九年（一四九六）由舉人知溧縣。修舉廢墜，興作學校。擢曹州知州。

傅　傑

弘治間知滹縣。潔己愛人，輕傜薄賦，與民休息，政治有聲。祀名宦。

師　文

陝西人。弘治間知滹縣。積倉谷，助學資。處己清廉，臨民公正。卒於官，筐篋蕭然，幾無以殮。民感動之。

王　宣

山西大同人。弘治間由舉人知滹縣。公正廉明，整肅法度，尤以興起學校爲己任。擢保定府通判。

梁　相

廣東番禺人。嘉靖二十八年（一五四九）由舉人知滹縣。操守貞潔，政無煩擾，四境相安，士民賴之。調知武清縣。祀名宦。

馬純仁

山西人。嘉靖三十年（一五五一）任滹縣訓導。根柢〔八〕道學，訓弟子有法。一室之内，日擁經史爲樂。性淡泊，布疏〔九〕晏如〔一〇〕，又介然〔一一〕不苟取。雖束脩〔一二〕，亦卻之，人皆稱其高風亮節云。祀名宦。

呂　哲

陝西麟游人。嘉靖三十五年（一五五六）由舉人知滌縣。治極精明，不流刻覈〔一三〕，嚴訓士子，風勵人文，真有父母斯民之實。城瀕圮，重加修築，題其四門。以卓薦調繁〔一四〕良鄉，擢大理寺評事。祀名宦。

楊時萃

陝西河州人。嘉靖三十六年（一五五七）任滌縣訓導〔一五〕。動中律度〔一六〕，師範凜然，啓迪多士，絶不厭倦。居恒崇簡約、嚴取捨，無纖毫苟得以充宦橐〔一七〕，蓋嘗私淑〔一八〕王莊毅公〔一九〕而有得者。祀名宦。

魏文瑞

廣西人，嘉靖三十八年（一五五九）由舉人知滌縣。催科不擾，聽訟無私，作新文教多士德之，謂其能以精明英朗之才，行忠厚渾樸之政。以憂去。後補廣東某邑令，禦倭寇陣亡，遠近惋悼。祀名宦。

李子躍

山東平度人。萬曆二年（一五七四）由舉人知滹縣。操履清純，光明不苟。修城垣，葺學宫。興舉庶務，振起人才，吏治中之卓卓者。祀名宦。

趙廷儼

山西岳陽[二〇]人。萬曆十六年（一五八八）由貢生知滹縣。實心愛民，清簡任事。賑困窮，培士類。徵輸有法，城野安恬。以憂去，士民立祠祀之。祀名宦。

艾友芝

字春谷，貴州都匀人。萬曆三十五年（一六〇七）由舉人知滹縣。持己廉明，庶政畢舉。尤樂表揚節義，以端風俗。纂修《滹志》，體例嚴整，不濫不遺。後人皆得所徵信。他若修城郭、葺學校，實心實政，又與古循吏[二一]相埒[二二]云。

## 沈 域

河南商丘人。崇禎間由舉人知溓縣。經畫〔二三〕城守，舉動安詳。時巡方董邃初〔二四〕怪而問曰：「斗大孤城，何恃而不恐？」域從容拱手曰：「以身殉之。」邃初改容以謝。幸免焉。

考：「巡方」是巡按的別稱。按，董邃初，即董羽宸，萬曆四十一年進士，見其孫董含所著《三岡識略》之「科名不絶」「蓴鄉贅客自述」二條。董於崇禎初任巡按直隸御史。

【註 解】

〔一〕學宫：學校。
〔二〕圮：坍塌。
〔三〕憂：丁憂。
〔四〕藝：種植。
〔五〕翕然：一致。
〔六〕靡：没有。
〔七〕畿輔：國都附近地區，明清時期亦爲直隸地區的代稱。

〔八〕根柢：比喻根基、基礎。

〔九〕布疏：布衣蔬食。

〔一〇〕晏如：安寧。

〔一一〕介然：堅定執着。

〔一二〕束脩：即學費，這裡指生員送給教官的禮物，因生員名義上是教官的學生，故以「束脩」爲名。

〔一三〕刻覈：苛刻。

〔一四〕調繁：調政務繁劇地方。

〔一五〕訓導：地方教育官員。

〔一六〕律度：此處指行爲準則。

〔一七〕橐：口袋。

〔一八〕淑：好，善。

〔一九〕王莊毅公：王竑，明憲宗年間兵部尚書，爲官清廉、剛直。弘治元年（一四八八）病故，謚號莊毅。

〔二〇〕岳陽：今晉臨汾古縣一帶。

〔二一〕循吏：奉公守法的官吏。

〔二三〕埒：這裏是同等的意思。

〔二三〕經畫：經營籌劃。

〔二四〕董邃初：即董羽宸，松江華亭人，明萬曆四十一年（一六一三）進士，歷左副都御史、吏部左侍郎等職。

## （二）明清時期溧縣（州）未裁前主要職官名録

（明洪武年間至清順治年間）

### 明代

洪武初年　知州：黄宗信　州同：楊思賢浙江錢塘人

洪武十四年　教諭：潘禧

永樂年間　教諭：楊溥

正統年間　知縣：王文河南儀封人

天順年間　知縣：陳清

知縣：賀登　主簿：楊先　教諭：羅恭　訓導：胡正

知縣：賈貞山東莒州人　主簿：張傑　訓導：張誠

成化十五年　知縣：高安浙江湖州人　主簿：郝敬

弘治九年　知縣：陰縉河南滎陽舉人　主簿：劉釗

弘治年間　知縣：傅　傑　主簿：于　澤
知縣：張　翕　主簿：蔣克家
知縣：鄭仲貞
知縣：劉　琳河南人　主簿：李　公
知縣：師　文陝西人　主簿：劉　觀
知縣：王　宣山西大同舉人
知縣：岳　秀
知縣：郝　良
知縣：張雲漢
正德初年　知縣：郭　梅山西定襄人
嘉靖三年　知縣：曹　琰陝西葭州人　教諭：朱　翊
十年　知縣：楊　濟山西石州人
十七年　知縣：孟　澤山西石州舉人
十八年　知縣：（鐃）〔饒〕公
廿二年　知縣：馬新民江南揚州人　主簿：徐文敔　教諭：王　鎬

廿五年　教諭：鄭邦清

廿六年　知縣：李時用河南登封人　主簿：崔　泗

廿八年　知縣：梁　相廣東番禺舉人

廿九年　知縣：尚應時陝西同州人　主簿：李　企　訓導：馬純仁

卅三年　訓導：魏　瑾

卅五年　知縣：吕　哲陝西麟游舉人　教諭：孔　道

卅六年　訓導：楊時萃

卅七年　知縣：尉　思山東監生

卅八年　知縣：魏文瑞廣西舉人　訓導：楊時榮

四十年　知縣：陳　言四川成都監生

四十一年　知縣：劉朝舉陝西監生

四十二年　知縣：李　成湖廣江陵舉人

四十四年　知縣：王　登陝西長安舉人

隆慶三年　知縣：邵致誥遼東衛舉人　教諭：趙　魏　訓導：李允忠

萬曆二年　知縣：李子躍山東平度舉人　教諭：程時慶　訓導：韓　枋

四年　教諭：邢邦直
五年　知縣：宋　祉河南許州舉人　教諭：張　作　訓導：賈漢儒
八年　教諭：陳國正
十二年　知縣：郭九疇山西代州舉人　教諭：李毓秀　訓導：彭　燦
十四年　知縣：于　濟遼東蓋州貢生
十五年　教諭：譚　道　訓導：杜　淳
十六年　知縣：趙廷儼山西岳陽貢生　教諭：張　魁
十七年　教諭：侯中經
十八年　知縣：王邦禮山東長山舉人　教諭：程　廪
廿一年　知縣：魏之幹山西武鄉舉人　教諭：劉一元
廿三年　知縣：胡　績江西豐城舉人　訓導：（賀）〔賈〕承教
廿五年　教諭：黃　琮
廿六年　知縣：李汝祥江西瑞昌舉人　教諭：成正位
廿八年　知縣：張　桂山東臨朐人　訓導：楊　棟

三十年　知縣：陸世勣江南邳州舉人　教諭：孫汝孝

卅二年　知縣：霍　梓山西沁州舉人　教諭：徐登雲　訓導：王邦彦

卅五年　知縣：艾友芝貴州都匀舉人　教諭：趙宗周　訓導：張尊性

萬曆年間　知縣：黄　宸江西崇寧貢生

知縣：賈克忠陝西淳化進士

知縣：陳蓟産貴州銅仁舉人　教諭：史　祥

天啓年間　知縣：王繩武貢生　教諭：伍成武

知縣：姚一讓山西五臺舉人　教諭：吕世臣

知縣：胡從禮陝西咸寧舉人　教諭：丁志儒　訓導：王洗心

知縣：楊起震山東新城舉人　教諭：姚應唐　訓導：張所性

知縣：趙　賢遼東貢生　教諭：岳自勵

知縣：常　儼山西蒲州貢生　教諭：賀麟臣

崇禎年間　知縣：賓允哲陝西富平舉人

知縣：沈　域河南商丘舉人　教諭：劉　喬　訓導：趙思忠

知縣：盧崇眷河南扶溝舉人　教諭：薛之斗　訓導：孫明德

知縣：郭三奇山西貢生　教諭：何文炳　訓導：王元佐

知縣：塗應召遼東鐵嶺貢生　教諭：張洪齡　訓導：趙獻策

知縣：宿自中山東掖縣舉人　教諭：康大鶚　訓導：焦文明

知縣：丁師義雲南楚雄貢生　教諭：賈自初　訓導：劉翼明

知縣：萬時彦遼東舉人

知縣：張魯傳江南蘇州舉人

知縣：高鳴鶴陝西商丘人

考：《光緒通州志》爲高鳴和。

## 清代

順治元年　知縣：成躍龍山東襄陵貢生　教諭：李思問　訓導：馮獻策

順治年間　知縣：李開春奉天貢生

知縣：石登科奉天貢生　訓導：王直臣

知縣：成良藩山東黄縣貢生　教諭：梁可薦　訓導：馬勝任

知縣：黄朝薦河南長葛進士

知縣：朱天相浙江人，奉天籍貢生

知縣：周士賢奉天貢生

知縣：吴良誨江西南昌舉人

十六年　知縣：鄭　駿江南貢生　教諭：黄忱孝　訓導：伊　斐

知縣：葛茂春浙江貢生

考：清順治十六年（一六五九），知縣鄭俊請裁漷縣，同年漷縣省入通州，仍設通州駐漷州判一員。

## （三）明清時期通州駐漷邑主要職官名録

（明正統年間至清光緒年間）

### 明　代

袁　忠　正統十二年任駐漷州判

### 清　代

陳賡虞　河南孟津貢生　康熙三十五年任駐漷州判。

徐弘炌　浙江會稽監生　康熙四十八年任駐漷州判。

黄起祥　正紅旗監生　康熙五十二年任駐漷州判。

張逢源　浙江山陰人　康熙五十五年任駐漷州判，陞本州州同。

汪　儀　江西宜黄監生　康熙五十七年任駐漷州判。

李祖鋐　廣東程鄉監生　康熙六十一年任駐漷州判，陞江西布政司經歷。

張學守　江南如皋監生　乾隆二年任駐漷州判。

王述獻　江南太倉監生　乾隆五年任駐漷州判，陞清河知縣。

程明沅　湖北孝感監生　乾隆八年人駐漷州判。

唐倚衡　江南江都舉人　乾隆九年任駐漷州判，陞交河知縣，後陞通州知州。

葛光祖　浙江餘杭監生　乾隆十一年任駐漷州判。

韓　均　浙江蕭山監生　乾隆十九年任駐漷州判。

吴　標　貴州清鎮舉人　乾隆三十三年任駐漷州判，後改補教職。

周學洢　浙江永嘉監生　乾隆三十六年任駐漷州判，本年調通州州判，後陞順義知縣。

沈鶴峫　浙江烏程人　乾隆三十六年任駐漷州判，後陞通州州同。

李　炳　甘肅臯蘭貢生　乾隆三十八年任駐漷州判，丁憂卸事，後補通州州判。

蔣　縹　湖南益陽貢生　乾隆四十年任駐漷州判。

龍文鏕　江西吉水人　乾隆四十一年任駐瀞州判。

鄭琦　嘉慶二十五年十一月任駐瀞州判。

阮亦昂　道光元年七月任駐瀞州判。

羅慶元　道光元年十月任駐瀞州判。

袁桐　浙江新城人　道光二年正月任駐瀞州判。

管嗣許　浙江海寧人　道光十年八月任駐瀞州判。

費懋德　奉天開原人　道光十四年十二月任駐瀞州判。

陳璈　道光十七年八月任駐瀞州判。

戴百和　道光二十四年二月任駐瀞州判。

王鳳楷　道光二十七年五月任駐瀞州判。

黄金荃　咸豐七年二月任駐瀞州判。

胡世華　江蘇青浦人　咸豐七年十二月任駐瀞州判，同治十三年八月再任。

陳壽椿　浙江會稽人　同治八年二月任駐瀞州判。

鍾沅　浙江蕭山人　同治八年四月任駐瀞州判。

蔣頤山　同治十二年三月任駐瀞州判。

曹友泰　同治十二年十一月任駐灤州判。

莊舟孫　浙江秀水人　光緒三年十二月任駐灤州判。

王原祺　光緒四年六月任駐灤州判。

# 附录九 《漷阴志略》小清仪阁写本影印版

漷陰志畧序

漷縣在京東七十里通州南四十里自遼及元即為上都劇邑時遊獵於斯但地勢窪下環以塞上諸山每霪潦間作僅運河一道洩入直沽民罹水患比歲而是迨至明季徭役繁重兵燹頻仍於是閭室流亡井邑荒寂幾不可支國初則首入通州移管河州判兼理之實以紓民力而均賦役亦權宜之策耳今坿郭四十八村庄仍為管領余自庚寅之秋來蒞是鄉廢城蔀屋絃誦無聞除防守運河外加以馬草官車旗租諸役日不遑給小民之噢咻不異曩時余欲培其本以振其氣而積重

序　一　小清儀閣寫本

難返恐位卑言高徒增罪譴心竊愧之邑故有志歷久
弗傳未得考沿革之大畧適從弟芷湘擬應京兆之試
南來税駕署齋暇日爲余從幾輔通志及通州志中及
漷陰舊乘者悉纂而録之并於京邸友人處撿閲群書
有涉漷事復爲裒益即排比爲一卷漷之士咸欲付諸
棗棃用垂永久而芷湘以官司選舉之未備碑版田賦
之未詳不足以爲完書且將束裝南旋無暇從事於鉛
槧余爲憮然用繕其副命吏人藏之俟後來者導源而
暢流亦以此嚆矢云時
大清道光十一年歲在辛卯仲秋八日愚兄嗣許書於

鄮縣官廨之琴餘書屋

序　　　　二　小清儀閣寫本

# 漷陰志畧目錄

逸事

# 漷陰志畧

海昌管庭芬芷湘氏纂

## 沿革

漷本漢泉州地漢末移縣於三角淀更名雍奴縣隸漁陽郡唐天寶元年又移於白河之西更名武清縣隸河北道遼太平中置鎮於漷陰村分武清地設漷陰縣屬析津府金因之隸大興府元至元十三年陞為漷州領武清香河二縣隸大都路明洪武五年以兵燹之餘民寡賦薄復降為縣隸通州屬順天府　國朝順治十六年知縣鄭駿江南貢生請裁漷縣時因疊遭水患民困徭

役未允去任後縣葛茂春浙江貢生復請始奉裁併入
通州以管河州判一員駐其城文移尚仍流屬舊制乾
隆二十五年詳准改用平行張家灣之南四十八村莊
均屬漷縣給印文曰通州判管理漷縣事務之印叅一
統志及通州志

川源

元史河渠志云白河在漷縣東四里北出通州潞縣南入於漷州境方輿紀要云白河源出宣化府赤城縣龍門所余漓水崖東南逕漷縣武清東而由直沽入於海明一統志云白河舊名白遂河以兩岸涉沙白寸草不名故名

明歸有光初發白河詩白河流水日湯湯直到天津接海洋我欲　乘舟從此去明朝便擬到家鄉　胡風刮地起黃沙三月長安不見花鄙憶故鄉風景好櫻桃初熟正還家見震川別集

又按震川壬戌紀云白河在漷州東北出通州境東南至香河界又流入于武清凡三百六十里至直沽入海

鳳河發源南苑自漷邑城南臨溝屯前接東安縣交界至武清縣朱家灣止計長一千九百五十三丈雍正四年怡親王奉 命疏濬減入運河境内無積潦之患

運河舊志云源出同府桑乾山至蘆溝橋南丹山口分為三派一為漷河

泗河舊志云在漷縣東四里即運河以四水會流故名泗河一發源自塞外東流經密雲縣與潮河川合流注通州

城東北入白河即通州潞河也一自塞外西流入白羊口經榆河下流沙河由順義南界至通州城東北入白河即通州富河也一發源於昌平白浮村神山泉出西南滙爲西河東入都城積水潭入宫牆太液池南至玉河橋由東南大通橋迤東入慶豐等閘即通令河入日河一自都城左安門外草橋流入南海子東出弘仁橋由水南新河至張家灣板橋入白河見蔣一葵長安客話

漷河畿輔通志云漷河自盧溝分流至漷縣舊志云水繞城郭爲漷故名河在縣西二十五里由張家灣入白河

又經水南村曰水南河至新河店曰新莊河至倉頭村
曰倉頭河至黄漄村曰黄漄河隨地得名實即一水也
今河流多改道護城之水多淤鄚河之名亦廢

新莊河舊志云在縣南二十五里即渾河下流入武清縣
韓村不通舟楫每歲秋盡冬初土人架木成梁以通車
騎水盛則撤之今坐糧廳設税局於此　延芳淀在縣
西十里遼史云縣本漢泉山之霍村遼主每歲季春弋
獵於延芳淀燕山叢錄云鄚縣　西有延芳淀大數頃
中饒荷芰水鳥遼主每季春來此弋獵打鼓驚天鵝飛
起放海東青擒之得一頭鵝左右皆稱萬歲云今不可

考惟近南海子有延芳村或㳂之舊址耳

飛放泊舊志云漷境有遼之飛放泊三一在縣西南二十五里栲栳一在縣南二十五里南新莊云周圍八里一在縣北八里馬家莊今俱湮

## 隄防

漷境為漕河要衝夏秋水汎防禦最慎今可考者舊志云楊景芳隄在縣東南三里即今楊家隄馬頭店隄在縣東南六里閻與兩家店隄東岸相接即今馬家隄其地沙岡起伏林木蓊翳水鳥風帆宛轉碧波間頗具江南風景又白浮圈隄在縣東南十八里因瀕圯乾隆三十七年奉文脩築

庭芬秋日過馬家隄詩附平沙少林木忽擁岡巒勢蜿蜒繞長河雜樹互擁蔽境靜秋日涼微聞鳥聲細土屋八九家收秫趁晴霽大有桃源風婦孺盡椎髻

隄脊俯水涯葉葉蒲帆濟遠看塞外山翠屏了無際炊
煙出遠村皎如匹練曳怡情一從目消我倦塵閑不
意荒寂中得此清涼世

長麦營隄在縣東二里餘河身漸轉而東土人云冬月堅
氷厚五六尺隄防兵役中夜聞有聲如雷明天起視則
裂數十里若有物出入其間頻歲過此亦可異焉

庭芬寒食散步長陵營詩附薄寒中體不成春枉說
清明物候新蝶翅鶯霜依凍麥桃花和雨灑輕塵荒
荒廢堠迷沙磧漠漠濃雲護水濱絕少人家作寒食
踏青何處認雕輪

縣北長隄又名白龍隄舊志云始於張家灣之善人橋達縣之北門綿亘三十餘里蓋元明漕河所經築此以衛今河非故道已距水四五里遂成平陸而遺址宛然尚存

張家灣隄向爲漕運極衝人烟繁盛自嘉慶十年後河道移至沙孤堆已成涓涓細流隄防盡廢民氣蕭瑟矣查浦輯聞云張家灣通州商税起于明正德間大監于經勸上征之以其餘營雲寺今税務僅存

曹家莊隄在縣東十九里明萬厯三十九年築小屯隄在東南二十五里乾隆三十七年奉文重脩

六　小清儀閣寫本

村集

通州志云漷南四十七村莊漷西六十三村莊漷東五十五村莊共一百六十五村莊今編查保甲僅存一百四十村莊除歸入鄰縣及通州漷縣得均其賦役者得四十八村莊按其北十八里至張家灣人煙始盛故不列村莊

旂莊乃八旂圈地色衣旂人屯居處有聚處一莊有散處各莊管理旂政有領催屯目等名不設保正

市集即古人所謂趁墟是也漷縣城内所集場地逢雙日期縣前南街輪當永樂店 逢單日集 馬頭店 按日早集 牛堡屯 一五三八日集 于家務 二四七十日集 届期得

七 小清儀閣寫本

徵其騾馬雜税

## 城池

漷縣故城遼史云縣本漢泉州之霍村鎮每季春弋獵於延芳淀居民成邑就築爲城後陞爲縣東京南九十里萬厤漷縣志云縣舊無城正德初始築土垣嘉靖間增修之畿輔通志云漷陰故城在通州南四十里按距京九十里之城已無考今城距京七十里與畿輔志合

通州志云漷舊無城明正德初知縣郭梅築土城周二里嘉靖二十二年巡撫閻委州同陳杲增修周三里三十五年知縣知縣李哲重修題其四門東曰臨津西曰通都南曰迎薰北曰拱闕歲久傾圮萬厤四年知縣李子

擢乘宋祉相繼修葺甃以磚石重建南北二門改北門
曰拱京東西開小門二每門各設小樓周圍六百二十
三丈高一丈八尺闊二丈二尺崇禎八年知縣涂應召
勸民捐修增高五尺闊如之　國朝順治十一年大水
衝城之西南北三面皆圮自歸併通州之後不復興收
西門北二堞塌無跡東則斷如岡阜惟門巍然獨存
庭芬雪霽登城望塞上諸山附寒風吼晴空冷日照
砂磧踏雪步城坳平原埋馬跡東瞻寒上山蒼翠頓
改易捲舒迷雲窓明净疊練帛玉筍拱天關瑤台倚
石壁塏塏未可窮皎皎可無隅奇觀勝峩眉相離若

咫尺耳聽啾唧聲乾雀東回紇

張家灣城明嘉靖四十三年禦倭寇所築惟南北二門高與舊鄣城相埒周可三里餘磚石極鞏固設一參將守之糧運通判仍駐其地案徐文貞張家灣城記曰自都門東南行六十里有地曰張家灣水陸之合也嘉靖甲子始築城東北濱潞河阻水爲險西北環以濠

衙署

駐漷州判署在漷城東北隅即舊縣治址乾隆四十年州判李炳因署内隙地二畝餘中有古槐僅存其半即城根倚槐治亭名曰半槐亭四十一年州判龍文鑣修造并顔二堂曰半刺其後凡判其地者或寓通州僦民舍衙署荒凉鞠爲茂草道光乙年冬紳耆捐修今存大門一門二門一間土穀祠三間科房二間衙房二間馬房車舍二間大堂三間更夫巡房一間二堂三間簽押房一間内宅三間左大廂房共四間廚房二間西書房三間客房二間道光十年冬州判管嗣許重爲興修西書

房顔曰琴餘書房爲公餘退閒之地

管嗣許琴餘書屋即事詩垂垂槐蔭借西隣閒到朱

朱藤已錢春急雨欲來窻自啟嘲人俗吏是風塵

永樂店在縣西南十二里有千總防駐賃民無署

馬頭店在縣東南二里明永樂中設巡司萬歷八年革

國朝派千總防駐亦賃民居　条一　總志

牛堡屯在縣西十五里市井殷繁亦有武弁駐守僨民居

鋪遞

通州高力鋪司兵三名南至漷邑郭家鋪十五里郭家鋪司兵四名南至漷邑鋪八里漷邑鋪司兵四名南至黃場鋪八里黃場鋪司兵四名南至仁德鋪十里仁德鋪司兵四名南至三岱鋪十里三岱鋪司兵四名至兩家鋪十里兩家鋪司兵四名南至武清縣屬河西務鋪三十里

## 寺觀

佑國甘泉寺在縣西門外久廢僅存基址乾隆四十二年鄭州判龍文鑣倡建大殿三間土房三間召僧住持其地曲水平橋漁村柳岸頗具江鄉景狀建寺時於土中得石幢一高可三尺其上範梵書經文下截楷書題識云大朝中都鄭陰縣佑國禪寺西堂謙公和尚師懷州東徐閭人也俗姓劉氏幼歲出家禮到江南西平縣靈山品亨講主爲師于少林木菴處得法師法嗣三人淨禪師錦禪師融禪師乞住大刹仁山仰山歸儀薦福懷州百嵓甘甘泉佑國兩處奉聖旨住持何也甘泉佑

國屯寺剎蓋方丈雲堂僧房廚房大小三十餘間重修
佛殿脊檐在安東吻又泥壁室諸處興蓋極多利濟後
人以屯種種殊勳資嚴先師光嚴報土至元八年上元
日提點義正監寺福洪維那圓亮直歲即和小師圓孝
住持傳法嗣祖比丘圓融立石瞿慶泉刊案佑國寺舊
志稱始於遼擬石幢知寺亦久廢至元間重為興建耳此幢
疑即謙公之塔誌文雖難蹤得明慈寺之緣起今作石
座重立於大殿之右寺有古井泉甚甘洌故名
庭芬納涼之佑國甘泉寺詩附萬柳擡天綠染衣一
泓積水漱僧扉破鐘不語新苔蝕古佛銷金野合肥

宿雨乍晴平麥隴晚煙輕颺繞蘆碕荒城幸有清閒境曾說蕭家駐六飛長板橋頭好法龕依稀風景似江南幢鐫梵字殘樵斧壁篆蝸紋墮佛函只我披襟逃酷暑阿誰揮麈伴深譚定中詩意新收得翠壓牆坳露遠嵐

保國慈孝華嚴講寺舊志稱在永樂店爲慈聖太后發祥地萬厤三十六年敕建於景命殿西爲太后祈福其寺不甚宏敞今亦頽圮無僧守之而琉璃碎瓦尚簇布其間前殿有彌勒佛銅像一軀又銅鐘一口週刻陀羅尼經卧於草萊皆慈聖所捨鑄殿壁畫佛菩薩變相甚奇

古惜駁蝕過半後殿及藏經閣傾圮盡九蓮菩薩像設
亦不存而石座在焉志又稱寺旁有至德真君廟亦久
廢鄰近有關壯繆廟疑即其址
明神宗御製漷縣景命碑朕惟帝王之興本母德
華渚洽陽鍾靈肇慶載之詩書炳乎盛矣朕以眇躬
御極三十五年仰溯慈訓方內乂安深惟母皇太后
功德閎茂千古稀聞順天府通州漷縣永樂店乃誕
育之地淑氣所鍾宜有表章以示來許用是躬承慈
命量度經營中創慈聖景命殿前門後閣繞以周垣
樹三坊于門外左為保國慈孝華嚴寺右為護國崇

寧至德真君廟爽闓宏壯足以昭地靈章睿發稱聖母所爲篤念源本之意告成之日慈顔悦豫朕志用寧爰勑中官守護仍各爲文勒石垂諸永久以朕凉薄寧敢方古帝王庶幾此地之無遜于華渚洽陽則有聖母之烈在其垂裕將千萬年則景命亦千萬年無疆之福朕與内外共祇承之爲紀其事並系之詩

詩曰翼翼京邑漷水瀠之璇源遠濬載奠坤維尊靈長樂歡洽重闈綿綿景命百禄咸宜睠兹湯沐啟瑞集禧周原膴膴寶殿攸基重門邃閣崇敞逶迤仁祠左拱靈宇右麗甍連棟接鳥革翬飛虹祥式闡慈念

載怡愛及薄海輝景咸熙聖母之德綏此蒸黎百千萬禩永永無懷萬厤三十六年戊申十月　右碑已失

從舊拓本錄明詩綜僅存其詩

庭芬過永樂店保國華嚴寺詩附景命碑殘御製文

碧甃墮地繡苔紋欲垂香火千秋祀不見蓮花九朵分銅像佛無言淋暮雨石壇空鎖罨慈雲華嚴歷劫繁華改一例蓬蒿對古墳　距寺里許即店文李偉墓

覺華寺在埝隄明正定宮主建請勅賜名今廢

禧鎮寺在縣西二十里崇興寺在縣東南七里俱見舊志今無跡可考外新河隄有新河寺白浮圈有白浮寺榜

栳有天宫寺田有龍興寺得仁務有鎮國寺梁家務有
龍泉寺覓子店塔者有鎮海寺牛堡屯有朝陽寺大楊
村有大安寺新河有大佛寺南觀村有法寶寺果村有
正覺寺小荊岱有石佛寺堤村有大寺或廢或存俱無
古跡可考

隆禧觀在縣城今觀已久廢址亦未詳

元王惲大都路鄚州隆禧觀銘道家者流允黙稱抱
持其雌無所矜屋居火食相奉承鳶飛戾天魚在泓
時不若爾休其生爰因象設心自競仍用善信滋良
上萌鄚州維南泉故城玉晨有菴無所營故廬數間

僅帡幪一旦締結三十楹烟光粼粼萬瓦青正自肯構今有成要擴師受貽子誠爲國迎祥禱上清庆金輿歲幸賓省耕延芳春水紛霓旌遊豫何曾歌三登千秋萬歲樂事并道人再拜乞此銘隆禧因之播永馨雲間歎賞聞熾聲安知不有感公興見秋間集

佑民觀在縣北十五里之里二泖祀碧霞元君歲豐則正月初至元宵必舉香會合邑若狂其會有鐘旛高蹻秧歌少林等目以及弄獅舞燈跑馬跳駝諸技無不畢至余適一遇之

龍神廟在城北白龍隄隄爲北齋舊址至元時重築之建

廟以鎮水口後廢萬曆三十五年知縣艾友夏重建今後傾圮僅存古屋一間且不庇風雨矣廟前有井名三潮井大旱則取水以禱舊志稱水色晨青午綠晚紅故曰三潮云

廟

廟之在城者如文昌藥王廟火神廟城隍廟在南門内關壯繆廟在大東街口俱存馬王廟已廢今附祀於署中之土穀祠

## 橋梁

水南村橋在縣南三十里天津橋在縣西北二十五里元總管郭汝梅建今廢今北門外白龍隄小橋僅存

坊表

仙源毓慶坊、世允流光坊，俱在永樂店，明萬曆間爲慈聖太后父李偉建，今已毀，惟坊柱四石獅巍然尚存闌闠。中外有翰林坊，爲岳正立；大司寇坊，爲刑部尚書董方立；四宗伯坊，爲刑部侍郎李溫立；皆不存。

古蹟

長城通州志云國初得唐丕墓誌石於長城岡南其銘曰圪然孤墳長城之東可知長城自北綿亘而南至唐時長城西南遺址尚存也其曰蒙恬所築則非是考昌平山水記云灅餘河渡渡南有長城遺跡遼史順州南有齊長城天保時所築今漷縣武清二志俱載境內有古長城疑昔聯絡為一耳今棗縣東北一里有城址南抵武清北接通州俗稱長隄或古城之故跡歟

晾鷹臺方輿紀要云在漷縣西南二十五里高數丈周一頃元時遊獵多駐於此舊志云在仁德務遼主遊獵駐

輦之所今尚存土阜高二丈餘又有放鷹臺志稱在縣西四里亦遼主游獵之所今不詳其處

明董方晾鷹臺詩蒼鷹已去不重回金殿荒蕪盡綠苔簫鼓聲湮惟鳥噪羽林軍散祗雲細晴川應識霓旌影寒菊曾迎鳳輦開彼日誰能歌五子至今般鑒使人哀

庭芬登晾鷹臺詩附擦鋒猶是萬乘雄海東青到獵秋風漫天柳漲延芳淀匝地雲連駐蹕宮大漠四垂閑野色碧鵝一擊立奇功於今不見呼鷹客牧馬來繫今楓

呼鷹臺元史至大元年七月築呼鷹臺於漷州澤中發軍三千五百人助其役舊志不載今相傳縣南五里倉上村有名鷹臺者疑即其跡而則久爲平陸矣

棗林元史順帝紀云至正十五年三月毛貴犯漷州至棗林樞密副使達國珍戰死遂畧栁林方輿紀要云棗林在縣西北元致和元年上都兵破通州燕帖木兒與戰平壇子山之棗林敗之至正十八年山東賊田貴攻漷州至棗林敗元兵遂畧栁林逼畿甸檀子山或曰縣境小阜也劉錫信考古錄云遼東軍破通州燕帖木兒引兵擊之皆渡潞水走元史言戰薊州之檀子山又云戰

于檀子山之棗林薊州為遼東孔道遼東軍敗燕帖木兒追戰於此漷縣在通州南遼東未嘗至其地以遼東軍為上都兵已屬方輿紀要之誤又以薊之棗林為漷之棗林益誤甚矣况今漷縣亦無檀子山考漷以棗林名其地者在縣北十里

榔林在縣西北十七里方輿紀要云榔林在縣西元至元十八年上如漷州又名榔林以其地可游畋建行宮於北今行宮之跡無考

覓子店塔未悉建始之原在縣東南二十里相傳塔下有泉通海塔院僧欲募磚修塔鎮之今塔廢泉亦涸

神潜故宫旧志云在县西南二十五里辽后妃从猎行宫故址犹存今土人误呼其地为神仙村
石槽凡三在漷县者一元和初上都兵掠石槽燕帖木儿遣撒敦击败之即此见一统志及元史
独秀园亭在县北二里辽司徒郭世珍游息之所又崔氏园亭在县东南小安村金崔礼隐居于此今俱无考
漷县有古井四旧志云甘泉井在学宫西北相传辽萧太后命凿其味甘洁今如旧跓跸井在佑国前相传大旱不竭今渐湮塞天宫井在梼梳㕔天宫寺其地高耸若陵阜井居其巅凿浅而汲深今存三潮井在北门外龙

神廟前元初所鑿今一方賴以司汲
明黄方莛驛井詩萬斛甘泉吐玉虹金瓶纔汲雪花
叢瓊瑶分處家家月韶鳳蔗時陣陣風千載餘波承
輦轂九秋寒霧滴梧桐清冷定有神蛇宅應作甘霖
雨域中
舊志載溧縣人景一泮宫古槐已椎柯二禪林寶塔指佑
國寺塔已圮三白河漁舟即東運河四春郊煙梛即城
外驛梛五莛驛甘泉即駐驛井卞晾鷹舊臺在仁德務
餘跡尚存七長隄田燕八遠浦飛鴻後改爲遠浦歸帆
俱指城北

明無名氏白河漁舟詩溶溶漾漾白河流點點輕鷗

水上浮遥望孤燈明滅處葦花斷岸一漁舟詩見明綜

古纜舟鐵猫在張家灣北門外有古鐵猫七皆粗於巨柱

重可數十斤高丈餘中二者有大鐵環餘僅存一孔相

傳唐時故物歷久晶瑩如新土人云有神司之俱不敢

犯旁有佛宇俗呼為鐵猫寺

庭芬張家灣古鐵猫歌附金星流如旭日墜地化為

頑鐵七何年鼓鑄成巨猫拋擲荒原土花蝕雨零日

炙黝然蒼慮有精靈守其旁不作鐵柱鎮蛟蜃抱

才未遇誰其航款斜角立各盈丈却為佛家繫龍象

旁有佛字

銅山西傾洛鐘鳴試焉一扣鐘亦響相傳唐征高句驪欲從直沽窺薊離後來改道不復用貞觀款識誰能稽又傳蒙古利海運大艦巍巍轉諸郡北門夜啟首鼠奔此猫兒銷作兵及歷翻史誌皆無實或者闕疑或者逸寒雲漠漠風蕭蕭積鐵無言難絮詰至今久棄城墻下過客摩挲趁閒暇休將金馬比清高竟作銅駝共驚詫我來吟詩示老衲鐵環鑑然似相答何時齊變蟄龍飛好與延津雙劍合

学校

漷縣自歸併通州之後學校猶存春秋丁祭漷士以學田所入充之州判及通州訓導主祭諸生仍執禮其間考舊志稱漷學明以前在河西務洪武四年始遷城内西北隅州同知楊思賢建萬厤三十七年慈聖太后以漷爲發祥地給内帑改建規模大備明末漸圮　國朝康熙十八年地震隤廢無存諸生曹見龍等倡議捐建今復荒凉矣學中碑碣之古者惟金完懷英篆書杏壇二字已卧城根積水中道光十一年春余命役重樹殿廡學中鄉賢節孝等祠皆併入通州學惟大門外建一廈以

二十二　小清儀閣寫本

祀明岳文肅公額曰先覺名賢每歲丁祭日附祀之

每學使科歲試諸生撥漷縣例四名如遇廣額加一名在通州學學十三名内撥

塚墓

畫眉郎墓舊志云在縣南五里相傳為漢京兆張敞墓考漢宣帝時敞為冀州刺史居部歲餘善治盗賊或卒後即葬於此然土人僅稱曰畫眉墳豈以畫眉為京兆故事即以為名耶有疑可也

明徐渭畫眉郎墓詩春山秋水自天然何用青煤拂椰煙一種風流千古廻坐令天子破讒言陳文述詠瀞縣畫眉塚詩春椰千行碧春山一抹句邉憐畫眉塚曾葬畫眉人 見頭道堂詩集

唐靳英希墓葉奕苞金石錄補之靳英希誌銘石碑於崇

禎末年出漷縣之錠子村寺中碑下有瓦盃三其色色如秋山著雨有作純碧色光浮瀲灧盃中各有紅點如桃花藏於孫氏之壻而石歸硏山齋中金石文字記云志銘張遇撰并行書貞元十七年二月立

唐李丕墓在城北白龍隄未詳其官閥今不存

金郭府尹墓舊志云名汝梅墓在縣東北二里元至元三年翰林學士王譔撰神道碑今則翁仲猶存而豐碑無跡并馬鬣亦失其處

元崔平章墓舊志云在縣南二十里崔其名墓亦無考

元脫脫丞相墓舊志云在縣西南八里古村之南案元史

名脫脫凡十有五其最著者一成宗朝江浙平章一武
宗朝右丞相一修史之脫脫順帝時右丞相竄置雲南
矯詔酖死未知所葬者何人今墓亦無考
明岳文肅公墓在縣西南二十里堅村漷田志作尖村文
肅事詳明史本傳墓存
明李莊簡墓在永樂店李名偉慈聖太后父今則石馬如
新而墓已榛蕪矣大學士申時行所撰神道碑亦泐
得仁務古塚舊志云在晾鷹臺東二里有三大塚相望高
數丈其西北一岡隆起上陷一洞極深邃昔有土人曾
以燭入行里許見大公瓦貯油一燈熒然什物俱備擲

之以磔即有聲金鏃四發其人懼而止意必遼金諸王
貴人之墓

人物

後漢陰球字方正漁陽泉州人〈漷本泉州故址〉後漢書酷吏傳云球性嚴厲好申韓之學初舉孝廉補尚書侍郎其章奏處議常為台閣所崇信歷遷至尚書令時中常侍王甫曹節等姦虐弄權煽動內外球常拊髀發憤曰若陰球作司隸此曹子安得容乎光和二年遷司隸校尉收甫父子及太尉段熲等送洛陽獄球自按驗甫父子悉死杖下熲亦自殺乃僵磔甫屍於夏城門大署榜曰賊臣王甫後帝從曹節言徙球為衛尉終以節誣收送洛陽獄誅死

遼郭世珍漷陰人景帝時爲大尉司徒統和文年承天太后侵宋俘獲甚衆師次范陽世珍言降卒皆有父母妻子不無懷土之情驅而之北終不爲用願放歸鄉國太后加納之縱者数萬人

金馬諷字良弼漷陰人金史云金初以燕與宋諷遊學汴梁登宋宣和六年進士宗翰克汴京復登進士調蔚州廣靈丞遷雄州歸信令有河日八尺口每秋潦漲溢害民田諷疏決之患遂息天德初官寧州刺史民有告謀不軌者諷察其誣衆感泣活者数百人歷大理卿刑部尚書改忠順軍節度使致仕卒

金張亨字彥通漷陰人登皇統六年進士調樊山丞以廉幹聞授宏州軍事判官累遷尚書左司郎中擢中都路轉運使以事被劾起授户部尚書世宗問宰臣曰御史中丞馬惠迪與張亨人才孰優平章政事張汝霖以亨吏才極高對時車駕東巡欲輦錢以支費用亨謂上京距都四千里若輓錢以行是率三致一也請行會子便法息轉輸之勞而用自足章宗初爲河東南北路提刑使兼勸農採訪使察利病十三事以聞上加納之後左遷以歸德府事致仕泰和二年卒年七十八

金馬惠迪字吉甫漷陰人登天德三年進士調昌邑令察

廉能第一補尚書省令史大定中爲西京留守判官累遷左司郎中世宗愛其明敏嘗謂宰臣曰人之聰明多失于浮衒若惠廸聰明而朴實甚可嘉也嘗諫討烏底改曰得其人不可用得其得不可居恐不足勞聖慮後爲昭義軍節度使歷南京留守致仕卒

金崔禮滏陰人仕金爲四鄉葉諭金亡隱居小安村搆園亭植花木閉户自娛元丞相兀都台及帖古迭兒嘉其高節數過訪後以金鐘騆馬聘之終不出

元郭汝梅字和卿金貞祐初滏城陷汝梅年七年父母携渡滏河力不能負欲棄之赤犢乘渡得免年十八民公

舉攝行縣事耶律丞相知其才奏充燕京都稅司漷陰地窪屡被水患汝梅出家貲立新莊七所於高敞地分處里人給貧者牛種不責償創新河天津橋以濟行旅鄉人咸感其德後進昭勇將軍總管中都路中統五年卒王諤譔墓碑

明

董方字仲舉漷人登正統十年進士試政兵部擢大理寺寺正能雪冤抑有巨室被盜東阿民蔣杰與盜遇遂株及刑官弗能辨考諒誣服方廉得其實釋之錦衣旂軍鉄聖百户薛海鬬傷腦奪其理髮簪僉擬白晝奪財傷人者死方謂事起分心爭非造意劫奪遂從輕典金

吾衛卒大內官銅出道中竊銅版尺餘邏卒執之有擬盜內庫物律斬方謂物既領出非潛入內庫者比得減死景泰間奉命山西錄囚太原民白政讐殺王選十數人何至是盡拘鄰里證驗政具服選妻得釋如此類者不一天順間曹欽謀逆方趣軍士救護賊平擢本寺右少卿歷遷刑部尚書乞休卒年六十八贈太子少保謚襄毅

明岳正字季方號蒙爾漷人正統十三年會試第一賜進士及第授編修嘗夜草疏請復恭讓后位兄端見之驚曰奈老母何奪稿而止天順初改修撰時薛瑄致仕帝

謀代者王翶以正薦遂召見文華殿奏對稱旨用入內閣後因石亨張軏等譖仍命以原官入閣欽天監侍郎湯序者亨党也嘗奏災異請盡去姦臣無指名即求之人人自危且序術淺何足言也帝乃止或有匿名書列曹吉祥罪狀吉祥怒請帝出榜購之帝使正撰榜格正曰為政有體盜賊責兵部姦宄責法司豈有天子出榜購募者帝是其言亨從子鎮大同獻捷使者言捕斬無算不能悉致皆梟置林木間正取地圖指詰曰某地至某地皆沙漠梟於何所其人語塞時石亨曹吉祥恣甚帝頗厭之正勸吉祥辭兵柄諷亨斂戢吉祥見帝免冠

泣請死帝內愧慰諭之召正責漏言會天門災正極言亨將爲不執且言陳汝言盧彬小人狀帝皆不納命正草責躬詔語極切直多中姦倖擧朝傳誦而亨吉祥搆蜚語謂正責直謗訕帝怒謫正廣東欽州同知道鄰以母老留旬日陳汝言令巡校言狀且言正嘗奪公主田遂逮繫下獄杖百戍肅州行至涿夜宿傳舍手拳急氣奔且死涿人楊四醉卒酒脫正拳刲其中且厚賂卒乃得至戍所亨與吉祥旣誅帝釋正爲民憲宗立詔以原官直經筵脩英宗實錄成化祈左遷興化知府致仕卒年五十五正長身　鬚髯博學能文章亦旁及書畫著

有類博稿十卷深衣纂誤一卷嘉靖中追贈太常寺卿
謚文肅勅建祠祀之岳文肅公小像自贊其序云有自
京師來者傳天語于臣曰岳正倒好只是大膽或以賀
正曰上念公如此行召公矣曾生爲寫陋容遂櫽括其
辭題于上云
贊曰岳正倒好只是大膽惟帝念哉必當有感如或
赦汝再敢臣嘗聞古人之言蓋將之死而靡憾也
又贊曰孔學不惑孟心不動汝年四十物理猶閡四
舉方售非百中之材一試輒敗非萬全之用既不能
隨時以浮沉又安足爲世之輕重尚倀倀以執迷徒

三十　小清儀閣寫本

嘵嘵乎而自訟，蓋古人之所爲狂，而今人之所爲愚者也。見岳氏家譜

又讀書箴曰：莫高匪天，書括其元；莫厚非地，書載其理；莫大非道，書盡其要。惟不讀書，遂成頑愚；涵養德性，變化氣質，惟書斯功。惟力勉之，勉之開卷有益，戒之戒之不學無術。見通州志

明武金曺璉、張欽，皆漷庠生。正統十四年，英宗北狩，先挾之去，嗣遣使以邀金帛，京師震恐，詔募勇敢之士。三人素有義行，憤然曰：何至破敵侮若是！遂應募也。先使至都城門，恣意恐索，三人勇拒之，使恐，乃馳去。贈三人爲國

子生後金官處州知府 璉官撫州知府欽官前軍都督
府都事
明李濬字景淵鄒人博學有氣節岳蒙泉以傑士目之景
泰元年舉於鄉官山西潞州知府
明李棟居永樂里嘉靖間歲貢授河南桐柏知縣有政聲
事母周以孝稱時子姓列庭惟者已五代日侍几杖以
相娛樂母壽至九十九棟壽至八十乃卒鄒令李成贈額
曰斑庭歸養致誥復贈曰節壽雙高
明岳梁文肅從孫性尚氣節工文善書所著有東湫雜詠
梅花百詠行世官大理評事

國朝耿宗舜字鄰滄漷人萬厤間諸生有文名崇禎末以廩貢授青州府經歷未任國朝官山西榆次知縣擢贛州同知歷贛南道適金聲桓謀不軌犯贛州礮聲不絕晝夜宗舜守禦孤城八十日將軍譚泰兵至乃免即乞歸以功廕一子卒年七十七

明漷縣儍列在金氏常希文妻崇禎二年北兵陷漷城被執挾之上馬金見道旁有井躍入被三矢而死年十九

周氏翟光國妻同日遇兵逼使上馬不從被殺年二十一

風俗

舊志云俗使氣仗節士農務耕讀婦女勤蚕織然滶境平
沙曠莽了無栽桑藝之利斯言非實
滶邑婚禮有男女親長作保親者不必合婚為之撞婚將
奴娶先期婚家備禮物及雞席送女家曰催妝女家送
妝奩仍以雞席歸婿家曰鋪牀娶後幾日擇吉行廟見
禮女家親戚往婿家曰會親九日女家迎婿女至家曰
回九十八日女家親戚又咸往婿家曰作雙九或女家
後迎婿女至家曰回雙九喪禮死之日戚友俱送冥鏹
男喪送紙馬女喪送紙轎喪家延僧作佛事曰接三或

遵文公家禮於死後五六七日延生行成服禮治喪親友奠賻者裂帛答之發引前一日戚友賻吊曰封靈或延庠生行遷柩禮發引日或用僧道或延庠生於途行遣奠禮戚友各設祭品於墓曰山頭祭 以下皆見通州志

漷邑正月十三至十六各廟懸燈演劇曰燈戲男女各遊街市曰走橋兒十五日俱至里二泗佑民觀觀香會二月二日爲龍抬頭用灰撒地謂之引龍煎蕎豆粉爲餅曰燻蟲兒三月清明日有喪之家三年内於春首戊寅日以前祭新墓俗謂新墳不過天赦日也四月八日爲

俗佛會編以熟豆施人謂之結緣五月初一里二泗廟香會七月七日爲女節用盎盛水曝日中水面生膜投以小針曰丟巧十月初一各家祀祖先裁紙爲衣焚之曰送寒衣十二月除夕各家皆樹長竿懸燈曰照虚耗餘與南方相同

庭芬鄮縣除夕感懷詩附居然錢臘駐荒城歲月催人暗裏驚書卷遠携聊作客文章無命枉求名遥村朗照燈千點冷署清傳鼓幾聲觸起鄉愁是今夕不堪對酒數殘更

三十三　　小清儀閣寫本

## 物產

漷之所產者蔬之屬曰藤蒿曰蒲菜曰菠薐又名根倒菜曰苦麻果之屬曰葡萄長而白者皆圓而紫者次曰山裏紅花之屬曰藍枝其花似桃而無果曰金盞曰翠蛾眉曰佛指甲曰爬山虎曰草茉莉有紅黃紫白各色曰繡毬曰晚香玉曰紅姑娘藥之屬曰地膚子即掃帚草曰白蒺藜張家灣者更勝漷草之屬曰娘娘拳老鸛嘴曰水艷婦苗曰星星草禽之屬曰鵪老曰鐵腳雀獸之屬曰狨狸蟲之屬曰蟈蟈兒曰蝎見通州志

庭芬詠晚香玉詩附藍田想是嫩芽生一徑幽香護

晚晴珠露無聲憐小玉冰輪涵影照飛瓊煖陪茉莉

姿先潔夢到薌蕪醒亦清也與美人妝鬢角瑤簪敲

敲瑽贈多情

文詠

明岳文肅公蘭菊說云畫書之餘也學者於游藝之暇適趣寫懷不忘揮灑大都在意不在象在韻不在巧巧則工象則俗矣雖然其所畫者必有意焉是故於草木也蘭之芳菊之秀梅之潔松竹之操皆託物寄以資自修非徒然也夫蘭菊木而草約花佳實重自上古故神農九種功力爲最至能強志益氣輕身延齡蓋中國之名果也二酉六帖皆得謂之大宛　種漢宮豈未之考歟意謂初不輕見而博望貳師之所得者又將特異故成式樂天遂附會之歟不可知矣魏文之詔以爲華果極

珍盛稱厥美似爲知己然徒得其味而遺其德取其小
而不識其大君子惜之耶嘗論其榦臞者也節聖者也
枝弱者也葉多蔭者也夢而不附者也實中果而可釀
者也味甘平無毒入藥力勝者也屈信於時者也其德
之全有如此者宜與菊蘭梅竹並馳而爭先可也世無
好之而畫者獨近代有僧日徵者始作之是又不幸失
身於方外野人之手不無工俗可厭使夫巖懿帶彰悲
哉予謫戍窮荒偶見一本因以新意製爲長幅不遇兼
暢幽情且目者苟於其窮而取焉則亦未見其爲不幸
也若曰是不象而工豈徒不識畫格亦未有以知奇生

者也 從墨跡錄

元吳萊過漷州詩云數株楊柳弄輕煙舟泊漷州湖水邊牛羊散野春草短敕敕老翁方醉眠 見元詩選 詩本二首元詩選僅存後一絕今從淵穎先生全集補錄之四月一日尚縣衣知是故鄉花片飛白頭慈母倚閭久目斷天南無雁歸

元張承旨漷農歎云漷南有農者家僅一兩車王師征淮蔡官遣給軍儲翁無應門兒一身老當夫勞勞千里役泥雨半道途到軍遭焚熏翁脫走故閭車牛力已盡户籍名不除府帖星火下爾乘仍往踏破產不重置兮撞

無完廬翁復徒手歸涕淚滿敝襦問家牆屋在榆柳餘殘枝野雉雊梁間狐狸穴階除老妻出傭食四顧筐筥無有司更著役我賣骨髓枯仰天哭欲死醉吏方歌呼

仝上

明大學士楊士奇過漷縣望都門西山東旭光芒起西山紫翠分馳心閶闕仰首見龍文旆影高低出鐘聲遠近聞須將纓緌振擬問玉爐薰 見通州志

明廣西參政蔣山卿漷縣晚行詩云漠漠平沙闊荒荒白日低朔雲孤雁度昏樹亂鴉棲戍鼓聽猶隔村煙望欲迷關山有戎事憐客尚征西 見明詩綜

明顧夢圭官江西布政司有鄚縣行云入城半里無人語枯木寒鴉幾茅宇蕭蕭酒肆誰當壚武清西東斷行旅縣令老羸猶出迎頭上烏紗半塵土問之不得攢雙眉但訴公私苦後苦雨雹飛蝗雨傷稼春來况遭連日雨縣城之西多草場中官放馬來旁午官占田動阡陌不出官租地無主縣中里甲死誅求看荒墳徧村塢 仝上

明吏部郎吳本泰鄚縣道中詩云近水朝光動窺林宿霧收高低未盡晚黃碧樹兼秋鵝犬荒寂人驢小市稠經行問風土不厭屢停輈 見海粟堂集

明光祿卿葛徵奇將赴留都舟發鄚縣次是菴韻云雲際

張帆遠山山入望中殘村人語少廢井爨烟空日落罡

風暗燐飛野草紅蒼茫何處宿歸客尚途窮見介龕詩鈔

閨秀李因舟發漷縣道中同家祿勳作辭家拂衣去白髮

半愁中過客天涯少行廚檣柮空禪関山月黑魚柵夜

燈紅松菊閑無恙鉢書可耐窮見竹笑軒詩集

國朝卞永吉漷縣舟中詩云征帆緣路轉別馬嘶驕嘶前

路方疑遠鄉関漸欲迷岸平沙水急野闊塞雲低日暮

頹田首荒村鷄盡棲。見通州志

吾鄉查初白太史慎行漷縣晚泊云鷗鳥瀠洄泊小舠蘆

溝而望樹周遭殘冰裂石黏兼岸春水如油滑上篙老

柳耐寒如許瘦壞垣經久不多高畫眉塚今鷹臺塌一片斜陽雁下壕 見敬業堂集

國朝顧宗泰太守過鄚縣詩云一帆過鄚縣回首隔張灣自滄波外舟依暮靄間殘霞明到水遠樹綠遮山帳觸江南意今宵喜獨還又云地是泉山舊人過鄚縣陰牧牛春草陌賣酒綠楊林煙外波光遠雲中岫影沈延芳傳古淀跡樂從禽 見月蒲樓集

國朝布衣沈邁過鄚縣詩云巨艑如牛鞭不行乘風郤喜片帆輕四千秋驛何時到今日經第一程 見松江詩選

灾祥

遼乾統四年十月己酉鳳凰見滏陰

元至元二十三年滏大水五月蝻三十年滏蝗食禾稼草木幾盡大德十一年滏大水至治三年七月滏州雨水害稼泰定元年三年四年水至順元年六月滏州蝗食禾稼草木俱盡民大飢捕蝗食之盡人民相食

明宏治二年滏大水嘉靖十五年地大震滏同日震房屋傾圮壓殺人三十六年滏蝗蝻黑蟲食苗幾盡隆慶六年夏滏大旱煙氣蔽野月赤如血秋七月運河水溢害稼萬曆十年春大疫十四年五月滏大雨雹屋瓦皆碎

十八年七月雨三晝夜山水湧發漷隄決田禾淹没殆盡三十二年六月雨五十日方止山水大發漷成巨浸以上詳通州志

國朝康熙十八年漷地震至圮民屋三十八年大水雍正十一年水乾隆二年水十六年水災三十五年大水三十六年水災四十五年水災嘉慶六年大水群黿乘流而至聚踞村莊至傷人畜道光三年俱詳漷縣報賑冊

## 逸事

明洪武初有道士雲遊至瀞頗言休咎有驗邑士人張聰與之遊嘗渡水無舟道士命聰閉目不覺而渡聰問己何時登第道士曰葫蘆架上開蓮花是其時也聰自揣必無售現永樂九年夏大雨水泛溢平地深數尺聰後圃葫蘆架上漂藕一節忽生蓮花見而喜是年果中式成進士今稱其地為仙莊在瀞四十五里或曰道士即張三丰

萬曆四年春瀞縣新修明倫堂成柱上生靈芝四如盤口大俱以為祥訓導刑邦直書祥兆允魁四大字於壁是

年適鄉試邑士張祥中式　俱見張氏家錄

李偉者其先山西平陽人自明成祖時從軍人燕占籍漷永之樂店兒時有羽士過門驚語人曰偉哉此兒父喜因命名曰偉嘉靖中夢空中五色雕輦旌幢鼓吹導之下寢所已而生女女即穆宗妃神宗生母也庚戌攜家入京居數歲以良家子選入裕邸癸亥神宗生丁卯穆宗隆慶改元進位貴妃授父偉都督同知壬申神宗嗣位尊妃為慈聖皇太后晉偉為武清侯太后葉帝極嚴萬曆六年戊寅上將大婚太后諭曰官家婚禮將成我當還慈寧宮矣第動靜飲食不得聞見訓誨為憂慮耳

當思此身為天地神人之主所繫非輕務節飲食慎起
居依從老成人勸諫不可溺愛袵席任用非人以貽我
憂又因父兄祿位侈盛懷滿盈之懼特手書謙謹持盈
四字俾懸堂額以為戒兼能約束父家以欣偉益畏慎
上嘗詔修慈寧宮張居正諫上入告太后悅而曰能之
三十五年丁未上命作景命殿萬壽閣於永樂里為太
后祈福又出內帑修鄚縣文廟培育人才四十二年崩
年六十有九謚曰孝定貞純欽仁端肅弼天祚聖皇太
后偉萬歷十一年卒贈安國公謚莊簡長子全襲侯爵
全歿孫銘誠襲伯爵誠有才名天啟末魏忠忠賢功德

建祠曰鴻勛莊烈帝定逆案誠偉免見通州志

漷濱運河地半鹻收穫極薄間有膏沃之地多係皇親駙馬莊田正德間又被權貴侵占數多小民因地窄差煩逃逃竄流亡不復歸業校猾者投補力士將軍旗校軍匠不惟自避差役抑且贍免户丁以致民日益貧差日益重嘉靖初長垣胡漩撰漷縣減差碑記載有昔人悼漷縣詩極言民俗之困則漷邑疲憊非朝夕之故矣叅蒋一葵長安客話

明無名氏悼漷縣詩孤城斗火古荒台墻堞齊腰土霧埋全里地無方寸業一人身占兩三差幽墳已草

名留藉照户添丁歸未胎遊釜困鱗終作腐此情誰
肯達金階

鄚縣自前明以來疊遭水患且兵燹頻仍城之內外凡名藍古剎皆蕩爲邱墟余每見城湟積潦之中大小石幢縱横俱週刻梵字佛經蓋皆遼及金元之故物又永樂店閣北繆廟有巨銅鐘一口上鐫尊勝準提等經咒銅質瑩潔如新楷法亦謹嚴可喜惜鑄造年月近於廡壁不能拭讀其爲慈聖捨鑄無疑

京師諺語云南京沈萬山北京大椰樹人怕出名樹怕風聲考鄚縣之南村莊有地名大椰樹者土人云村古有椰

四十二　小清儀閣寫本

爲近京第一巨村後爲大風所折聞乾隆中尚存空一截兒童戲匿其中十餘人尚寬綽有餘則其垂蔭時可想見矣始信俗諺之必有本也

南皮張孝廉景運云余始祖遷自漷縣占籍南皮故祖墓在焉墓旁有土地祠其簷下磚有二足跟深寸餘蓋二世祖某少時讀書之處每吟諷於簷立必於二磚百不失一研摩日深宛然成痕卒以成化丙子孝廉起家仕爲兩淮運副先人攻苦精專洵不可及見浮槎山人筆記

灤陽銷夏錄云姚安公官刑部曰德勝門外有七人同行

刼就捕者五矣惟王五金大牙二人未獲王五巡至鄚縣路阻深溝惟小橋可通一人有建牛怒目當道卧近輒奮觸退覓別途乃猝與邏者遇金大牙逃至清河橋北有牧童驅二牛擠扑泥中怒而角鬬清河去京近有識者者告里胥縛送官二人皆回民皆業屠牛而皆以牛敗

庭芬冬日鄚縣署中感賦四律附捲地黃沙路未分平原莽莽望無垠寒生曉霧粘輕雪冷逼晴煙化薄雲氷合狐狸先印跡草枯牛馬尚成群寂寥即是思鄉海一片笳聲不忍聞側身何處認鄉關鄚水南流

繞曲灣古堠荒涼迷遠樹廢城殘缺補遥山頻添旅
夢魚書杳絶少梅花驛使閒昏月半夠當屋掛深閨
同是憶刀環單車出谷暫徘徊谿逹盧將眼界開鷹
掠平台殘雪後駝鳴廣漠大風來無窮暮色空涵影
一片雄心未肯灰到此每生投筆志側身西望凱歌
回附新疆回鶻已清夢吟兄奉椽至别山鎮辦理凱旋差兄弟相依即主賓足
音空谷寂無人茅齋枯坐清於鶴土炕橫眠煖似春
有恨終難消渴酒出門初試作勞薪鬖鬖臘催晨夕
辜負年華又欲新

又自瀞縣至潞河訪然燈古塔詩附　古蹟猶存然燈

佛塼塔玲瓏雲氣拂十三危級扶碧空夜深舍利毫
光紅蓮座堅承土花紫秀影遠沉白河水罡風攊起
鳴鐘鈴野鴿不飛煙冥冥泮宮朗書卓文華寫破鴻
荒盡一法輪無恙千秋峙難覓彥升貫鉄矢案塔在潞河北
門内以巨塼堅砌人不能登通州志云然燈古佛舍
利寶塔相傳宇文周時建唐貞觀十七年尉遲敬德
修塔頂有鉄矢一世傳金將楊彥升所射以代獨存
每天氣清朗則塔影垂映於白河中河去州五里許
而奇異如此元至德間篤烈圖述再修明成化間州
訓導楊明有重修舍利塔記塔頂藏舍利數百粒如
小米淡黃微紅瑩澈如珠又佛牙一長三寸許康熙
十八年地震塔圯舍利佛牙俱墜地人皆見之乞勝
教寺中知州吳存之禮
損奉重修仍置其上云

書漷陰志畧後

余自庚寅之秋擬應京兆試束裝北遊即寓於從元蓼吟漷縣署中但見其地平原莽莽沙磧無山荒涼不異塞外暇日策蹇河隄考神潛之故宮詢景命之廢殿惟故老指示其處憑弔荒墟徒增感慨耳聞明萬曆間脩有邑乘編為訪求欲詳今昔之利病而漷無收藏者於是讀畿輔通志諸書稍得其涯畧凡引舊文悉為甄錄復假秀水汪芝楣詳事京邸攜書潛心尋繹並漷士徐茂才文奎晉陽趙上舍德寅所述近事皆筆而存之雖挂漏殊多姑依類編為一卷夫字書繞郭而流為漷故名其邑今雖河流改道而

小清儀閣寫本

陳跡尚可追尋志稱漷爲泉州故疆爲淨陽之南鄙如春秋襄公十九年取邾及漷水則當在齊魯之交似不陳於燕趙間則又當存疑矣今州判兼理村莊僅四十有八較明之舊境甫得三之一區至張家灣里二泗賦役已入通州因豁漷邇城亦附存之以備參考竊聞採風問俗乃大夫出使之事也而非予所得專至履其地而誌其土風亦士者之所不廢但志中官司選舉等門尚未屬稿故以畧稱之時因倚閭心切刻日南轅未遑更從事於斯惟俟後之好古君子涉斯土者綜而成之則有厚幸焉時辛卯仲秋六日海昌管庭芬書

# 后记

歷經幾年，這本《漷陰志略校註》終於要付梓了。欣慰之餘，在尾頁綴補幾句。

如予在《前言》所述，在職時得一册《漷陰志略》（小清儀閣寫本）的影印本，退休後無事拿出賞讀，遂有了點校的念頭，於是動手操作。孰料此事看似簡單，真正動手則不易。加之期間又參與《北京志》兩部新方志的編撰工作，另有高堂需照拂，拖拉直至二〇二〇年春方完成初稿。時疫情來襲，遂閉户又對志稿及附録部分做進一步的核校、修改、補充，同時聯繫北京出版社編輯部，探詢是否可以接納拙稿？經出版社有關領導初審，同意將《漷陰志略校註》列入出版計畫。拙稿交給出版社後，經編審、編輯們不辭辛勞的審閲、編輯加工，終於有了今天的結果。

北京市編修新方志，發軔於上世紀八十年代，除策劃一部巨著《北京志》外，別有區縣志十八部（當時北京劃分爲市區、近郊區、遠郊區縣）。進入九十年代後，本市遠郊各區縣史志辦公室除了編修新區（縣）志外，還陸續展開舊地方志的搜集工作，整理、刊印了若干明清、民國時期的舊志，《漷陰志略》影印本即其中之一，也因此使之有了正式出版的機會。

收穫之際，余不能免俗，略叙幾句感激之言，以達心聲。

首先要感謝通州區史志辦原主任張洪林先生，他因工作緣由贈予一册，方促成好事。當然還要感謝北京出版社的領導和有關的編審、編輯們，感謝安東先生、喬天一先生等，諸位審閲了拙稿，並將其列入出版計畫，實現余之夙願。感謝本書的責任編輯喬天一先生、許可女士，他們花費了不少心血，對拙稿進行精心的編輯、修改，解決很多技術性、專業性問題。還要感謝出版社原史志編輯室主任于虹女士，是她穿針引線，使余得以及時與編輯部聯繫溝通。

爲保証圖書品質，出版社延請北京第二外國語學院的李洪波教授審閲拙稿。時值季夏，李先生溽暑伏案，認真審讀，指出謬誤，並提出寶貴的修改建議。余在此拜候先生辛勞，深表謝忱！

感謝市地方志辦的王化寧女士、方志館的譚浩先生、北京市民俗學會會長高巍先生，以及北京聯合大學人文社科部原主任梁怡教授等。書稿編撰過程中，幾位在資料搜集、查尋，答疑解惑，聯繫學術支持等方面給予很多幫助，化寧還通讀了拙稿，協助質量把關。此書雖吾一人所爲，然有諸位施以援手，更顯相得益彰。

學高爲師，身正爲範。拙作將付諸棗梨之際，余不禁思及自己的恩師——廣院的路寶君和孔德明二位先生。他們一位是現代漢語教授，另一位是古代漢語教授。在下才疏學淺，能夠多年從事文字工作，並有作品問世，主要得益於二位先生的教誨，打下扎實的基礎。予自恩師處汲取營養無算，卻無從反哺，實在慚愧。惟願二位先生頤年康健，吉祥平安！

家人們一貫支持我之所爲，因而也使余「逃避」了許多家務勞動。連小孫兒都知曉「爺爺在寫一本沒多少人看的書」！我年逾九旬的高堂老母，看我趴在電腦前，也好奇地湊過來，看完只説了一句：「你這是老古文。」余思忖出書再讓她看看，孰料她老人家於辛丑春因病駕鶴西歸，再無機會了。

《後記》終於寫完了，贅上余常默念的一句話：「光陰何曾等待人生的腳步！」在滏陰舊地，大運河川流向南，駿奔不息，河水帶走了從遼到清八百多年的歲月，衹留下了幾頁邑乘在人間。

祈願歲月静好，國泰民安。

趙伸（司空劍）謹識

公元二〇二二年九月